욥기

[개정판]

지금까지 나온 옥한흠 다락방 시리즈

1. 새가족모임 교재
2. 창세기
3. 출애굽기
4. 마가복음 1
5. 마가복음 2
6. 에베소서
7. 야고보서
8. 다윗
9. 사도행전 1
10. 사도행전 2
11. 시편 1
12. 시편 2
13. 로마서 1
14. 로마서 2
15. 로마서 3
16. 데살로니가전후서
17. 욥기
18. 요한복음 1
19. 요한복음 2
20. 요한복음 3
21. 빌립보서
22. 산상수훈

新 옥한흠 다락방 시리즈 17

욥기 [개정판]

초판 1쇄 발행 1993년 1월 30일
개정판 1쇄 발행 2009년 7월 29일
개정판 6쇄(16쇄) 발행 2016년 1월 22일

지은이 옥한흠

펴낸이 박주성
펴낸곳 국제제자훈련원
등록번호 제2013-000170호(2013년 9월 25일)
주소 서울시 서초구 효령로68길 98(서초동)
전화 02)3489-4300 **팩스** 02)3489-4329
이메일 dmipress@sarang.org

ISBN 978-89-5731-402-9 03230

※ 책값은 뒤표지에 있습니다. 잘못된 책은 구입하신 곳에서 교환해드립니다.

新 옥한흠 다락방 시리즈 17

욥기

[개정판]

옥 한 흠 지음

국제제자훈련원

이 교재 사용에 대하여

제자훈련의 열매는 훈련된 평신도 지도자들이 사역하는 소그룹(구역, 다락방, 셀, 목장)이라 할 수 있다. 소그룹이란 성도간에 아름다운 사랑의 교제를 나누며, 말씀 안에서 영적으로 성숙해가도록 서로 돕고, 믿지 않는 사람들을 초청하여 복음을 나누는 소그룹 단위의 공동체다. 소그룹은 하나님의 말씀에 기초한다. 그러므로 각자의 삶을 드러낼 수 있도록 돕고 변화되어야 할 삶의 목표를 분명하게 제시할 수 있는 좋은 교재가 마련되면 효과적인 소그룹을 운영하는 데 큰 도움을 얻는다. 그러나 분주한 목회자의 입장에서는 직접 교재를 만든다는 것이 그리 쉬운 일이 아니다. 이런 어려움을 해결할 수 있도록 돕기 위해 마련된 것이 "옥한흠 다락방 시리즈"다.

본 시리즈를 사용하는 데 있어 다음 몇 가지를 참고해 주기 바란다.

1. 이 교재는 소그룹에서 귀납적인 방법으로 성경을 공부하기 위해 만든 것이다. 즉 성경의 가르침을 일방적으로 주입하는 대신 충분한 토의를 통해 구성원들의 생각을 먼저 정리하고 그것을 성경의 가르침과 비교하도록 구성되었다. 결코 해답 베껴 쓰기 식의 공부가 되지 않도록 해야 한다. 서툴더라도 자기 인식과 활발한 토의 참여에 의한 생생한 결론이 나올 수 있도록 해야 한다. 따라서 지도자는 소그룹 환경에서 귀납적 방법으로 성경을 공부하는 것이 무엇인지를 반드시 먼저 배워야 한다.
2. 이 교재는 교역자가 매주 소그룹 지도자들을 먼저 예습시킨 다음 사용하게 해야 바람직한 효과를 기대할 수 있다. 소그룹 지도자는 공부할 내용을 충분히 이해하고 있어야 한다.
3. 소그룹에 참석하는 자들은 반드시 예습을 하도록 권장해야 한다.
4. 한 과를 공부하는 데에는 한 시간 이상이 필요하다. 그러므로 각 문제에 따라 답만 찾아보고 넘어가야 할 것과 충분한 토의를 통해 진지하게 적용할 것을 잘 구별해서 진행하는 것이 중요하다.

차례

Lesson 01

순전하고 정직한 자의 삶

욥기 1:1-5

1 우스 땅에 욥이라 불리는 사람이 있었는데 그 사람은 온전하고 정직하여 하나님을
경외하며 악에서 떠난 자더라 2 그에게 아들 일곱과 딸 셋이 태어나니라 3 그의 소유
물은 양이 칠천 마리요 낙타가 삼천 마리요 소가 오백 겨리요 암나귀가 오백 마리이
며 종도 많이 있었으니 이 사람은 동방 사람 중에 가장 훌륭한 자라 4 그의 아들들이
자기 생일에 각각 자기의 집에서 잔치를 베풀고 그의 누이 세 명도 청하여 함께 먹고
마시더라 5 그들이 차례대로 잔치를 끝내면 욥이 그들을 불러다가 성결하게 하되 아
침에 일어나서 그들의 명수대로 번제를 드렸으니 이는 욥이 말하기를 혹시 내 아들
들이 죄를 범하여 마음으로 하나님을 욕되게 하였을까 함이라 욥의 행위가 항상 이
러하였더라

마음의 문을 열며

욥에 대해서 확실하게 말할 수 있는 사실은 별로 없다. '욥' 이라는 이름의 원래 의미는 '돌이키는 자', '미움 받는 자' 라는 뜻이지만 정확하지 않다. 그리고 그가 살았던 시대 역시 명확하게 기록되어 있지 않다. 아브라함과 같은 시대에 살았던 인물이거나, 아니면 그보다도 훨씬 이전에 살았던 인물이 아닐까 하고 대략 짐작할 뿐이다. 성경 학자들은 욥기에 기록된 사건이 일어났을 당시 욥의 나이가 대략 60세쯤 되었으며, 그 후 약 200세까지 살다가 세상을 떠났을 것이라고 추측하고 있다. 그가 살았던 곳은 '우스' 라고 하는 땅으로, 지금의 이라크와 사우디아라비아의 국경지대에 위치해 있는 지역이다.

욥기서가 다루고 있는 주제는 '의인의 고통' 이다. 왜 하나님을 신실하게 믿는 자가 고통을 당하는가? 이는 우리 모두의 관심사일 뿐 아니라 결코 쉽지 않은 문제다. 성령의 인도하심을 기도하면서 배우도록 하자.

말씀의 씨를 뿌리며

1 욥은 분명 역사적 인물이다. 에스겔 14장 14절을 통해 확인해 보라.

2 욥은 참으로 위대한 신앙의 사람이었다. 신앙의 인물을 평가할 때 가장 중요한 기준이 되는 것은 하나님이 그를 어떻게 보시느냐 하는 점이다. 하나님도 욥에 대해 무엇이라고 말씀하셨는가?(1, 8절, 참고 / 2:3).

3 성경은 욥의 신앙 인격을 한마디로 '순전하고 정직하다' 라고 표현한다. 이 말은 욥이 전혀 죄를 짓지 않았다는 의미가 아니다. 그런 사람은 이 세상에 없다. 그럼에도 불구하고 그를 순전하고 정직한 사람이라고 말하는 것은, 하나님을 높이고 사랑하는 그의 마음가짐이 시종일관 순수했기 때문이다. 그런데 욥처럼 흔들림 없이 신앙 인격을 유지한다는 것은 결코 쉬운 일이 아니다. 당신의 경우와 비교하면서 그 이유에 대해 말해 보라.

4 욥은 굉장한 갑부였다. 그는 얼마나 큰 부자였는가?(3절)

5 욥이 그와 같이 엄청난 갑부가 될 수 있었던 이유는 무엇이었는가? 그런데 왜 하나님은 욥의 신앙 인격과 삶을 먼저 소개한 다음 그가 부자였다는 것을 말씀하시는가? 여기에 중요한 의미가 있다. 욥이 갑부가 될 수 있었던 것은 그의 의로운 생활 때문이라고 성경학자들은 해석한다. 그가 얻은 부는 의로운 자에게 약속하신 하나님의 축복이라는 것이다. 시편 112편 1-3절을 가지고 이 사실을 확인해 보라.

6 예수님은 누가복음 6장 20절에서 다음과 같이 말씀하셨다. "가난한 자는 복이 있나니 하나님의 나라가 너희 것임이요." 가난이 복이 된다고 말씀하신다. 이것은 심령의 가난만을 이야기하는 것이 아니다. 물질적인 가난까지 복이라고 말씀하시는 것이다. 욥의 경우를 보면 이 말씀은 모순이 아닌가?

7 다음의 글을 읽고 당신의 생각을 말해 보라.

요즈음 우리 사회는 구조적으로 잘못되어 있어서 정직한 사람이 돈을 벌기 어려운 것이 사실이다. 어떤 면에서는 악한 부자가 많다고 할 수 있다. 많은 사람들의 부가 축복이 아니라 오히려 저주로 보이는 것을 부인할 수 없는 실정이다. 그러나 분명히 확신을 가지고 말할 수 있는 것이 있다. 하나님 앞에서 의롭게 살려고 노력하는 자에게는 아직도 설 땅이 남아 있다는 것이다. 우리도 욥처럼 하나님을 경외하고 악에서 떠난 생활에 힘쓰면 물질의 축복을 받을 수 있다. 성실하게 부지런히 일하기만 하면 하나님이 우리에게 수고의 대가로 물질의 축복을 안겨 주신다고 믿는다. 이런 의미에서 우리 교회 안에 의로운 부자들이 많이 나왔으면 좋겠다. 오늘날 아까운 재물이 너무나 좋지 못한 사람들의 손에 많이 가 있는 것 같다. 의로운 사람들이 경제권을 쥐고 이 나라를 움직이면 얼마나 좋겠는가? 할 일이 너무도 많다. 욥처럼 바로 쓰고 하나님께 영광 돌릴 수 있는 사람들이 많이 나왔으면 좋겠다. 우리는 어떤 환경에서도 물질 때문에 신앙이 변질되고 마음이 흔들리는 사람이 되어서는 안 된다. 그래야 하나님이 축복하신다. 웨슬리는 "할 수 있는 대로 벌어라. 할 수 있는 대로 아껴라. 할 수 있는 대로 남에게 주라"고 했다. 그렇게 하려면 우리 모두가 욥을 본받아 의롭게 살아야 할 것이다.

8 욥은 참으로 순전하고 정직한 신앙 인격의 소유자였다. 우리는 이것을 그의 가정생활에서도 엿볼 수 있다. 4-5절에는 그의 가정생활이 기록되어 있다. 함께 읽고 나누어 보자.

9 욥은 위대한 신앙의 인물이었고, 위대한 가정의 제사장이었다. 우리는 이것을 배워야 한다. 오늘날, 돈은 많이 벌어 부자가 되었지만 불행하게도 자식을 희생시킨 부모가 많다. 자녀들을 풍요병의 희생자로 만든 것이다. 당신이 알고 있는 사례가 있으면 이야기해 보라.

삶의 열매를 거두며

행복은 결코 재물의 많고 적음에 있지 않다. 다음의 글을 읽고 각자의 생각을 나누어 보라.

자녀들에게 인간의 행복이 재물에 있지 않다는 것을 무엇으로 보여 줄 수 있을까? 우리에게 중요한 것은 재물이 아니라 하나님을 기쁘시게 하는 것이라는 사실을 무엇으로 보여 줄 수 있을지 한번 생각해 보라. 욥의 자녀들이 훗날 부모인 욥을 회상할 때 어떤 모습을 떠올렸을까? "우리 아버지는 잔치만 하고 나면 찾아오셔서 말없이 제물을 제단에 올려놓고 나를 위해 제사를 지내셨어. 그것은 나에게 대단히 중요한 교훈이었어. 우리 아버지는 정말 하나님을 경외하는 분이셨어." 아마 이런 생각이 그들의 마음을 사로잡았을 것이다.

먼 훗날 당신의 자녀들이 부모인 당신을 회상할 때 어떤 모습을 떠올릴지 생각해 보라. 하나님을 제일 사랑했던 사람으로 남아 있을까? 아니면 하나님을 끔찍이 미워하고 싫어했던 사람으로 남아 있을까? 재물이 아무리 많아도 거기에 눈 돌리지 않고 평생 하나님 때문에 기뻐하고 만족하던 아버지의 인상으로 남는다면 얼마나 좋겠는가? 만약 그렇게만 된다면 그 사람의 자녀 교육은 성공한 것이다. 그러나 자기 아버지가 항상 "돈! 돈! 돈!" 하던 사람이라고 기억된다면 이것이야말로 비극 중의 비극이다.

Lesson 02

사탄의 존재를 의식하는 신앙생활

욥기 1:6-12

6 하루는 하나님의 아들들이 와서 여호와 앞에 섰고 사탄도 그들 가운데에 온지라
7 여호와께서 사탄에게 이르시되 네가 어디서 왔느냐 사탄이 여호와께 대답하여 이
르되 땅을 두루 돌아 여기저기 다녀왔나이다 8 여호와께서 사탄에게 이르시되 네가
내 종 욥을 주의하여 보았느냐 그와 같이 온전하고 정직하여 하나님을 경외하며 악
에서 떠난 자는 세상에 없느니라 9 사탄이 여호와께 대답하여 이르되 욥이 어찌 까
닭 없이 하나님을 경외하리이까 10 주께서 그와 그의 집과 그의 모든 소유물을 울타
리로 두르심 때문이 아니니이까 주께서 그의 손으로 하는 바를 복되게 하사 그의 소
유물이 땅에 넘치게 하셨음이니이다 11 이제 주의 손을 펴서 그의 모든 소유물을 치
소서 그리하시면 틀림없이 주를 향하여 욕하지 않겠나이까 12 여호와께서 사탄에게
이르시되 내가 그의 소유물을 다 네 손에 맡기노라 다만 그의 몸에는 네 손을 대지
말지니라 사탄이 곧 여호와 앞에서 물러가니라

마음의 문을 열며

예수님을 믿는 사람은 평생 신앙생활을 해야 한다. 그래서 우리는 어떻게 하면 신앙생활을 좀 더 기쁘게, 또 흔들림 없이 할 수 있을까 하고 자주 생각하게 된다. 능력 있고 패기 있는 신앙생활을 하기 위해서는 반드시 알아야 할 것이 하나 있다. 사탄의 존재와 그 활동에 관한 것이다. 우리 주변에는 사탄의 존재를 지나치게 과대 포장하여 신앙생활을 마치 귀신을 쫓는 푸닥거리처럼 생각하는 사람이 없잖아 있다. 또 한편에서는 예수 그리스도가 이미 사탄을 정복했으니 신경 쓸 것이 없다는 식으로 지나치게 낙관주의에 빠져 있는 사람도 있다. 둘 다 잘못된 태도다. 둘 다 극단으로 치우쳐 버린 것을 알 수 있다.

이 시간 우리는 욥의 사건을 통해 사탄의 정체가 얼마나 분명하고 무서운가를 배울 수 있다.

말씀의 씨를 뿌리며

1 사탄은 누구인가? 그 이름은 '대적하는 자' 라는 뜻을 가지고 있다.

- 베드로후서 2:4/

- 요한복음 8:44/

2 6절을 보면 사탄이 주기적으로 하나님 앞에 불려 들어가는 것이 아닌가 하는 추측을 할 수 있다. 사탄이 하나님 존전에 들어갔다면 하나님이 명령하시니까 거역할 수 없어 나간 것이라고 보아야 할 것이다. 만약 그것이 사실이라면 사탄의 입장에서는 틀림없이 굉장한 고역이었을 것이다. 죽기보다도 더 싫은 지옥의 고문이 되었을지도 모른다. 하나님 앞에 꼼짝 못하고 서 있는 사탄을 한번 상상해 보라. 이것을 통해 우리가 배울 수 있는 점은 무엇인가?(참고 / 막 5:6-10; 롬 16:20)

3 사탄은 하나님이 사랑하시고 기뻐하시는 자를 질투하고 시기하여 악의에 찬 모함을 한다. 8-11절의 내용을 쉬운 말로 정리해 보라.

4 사탄, 마귀는 신앙생활을 제대로 하지 않는 사람은 별로 신경을 쓰지 않는다. 교회 다닌다고 하는 사람이 몇 주가 지나도록 성경 한 번 읽지 않고 기도하지 않는다면 마귀는 좋아서 춤을 춘다. 마귀는 그런 사람에게는 손을 대지 않는다. 그 사람이 하는 대로 내버려둔다. 그러나 성경을 열심히 읽기 시작하고 기도하는 것을 보면 마귀는 안절부절 어쩔 줄 몰라 한다. 어떻게 하면 그 일을 못하게 할까 온갖 계략을 꾸민다. 우리 마음속에 하나님을 사랑하는 마음이 뜨거워지면 마귀는 온갖 술책을 동원해 훼방을 놓는다. 이와 비슷한 경험이 있으면 나누어 보자(참고 / 계 12:10).

5 우리는 성경을 통해 사탄은 무소부재(無所不在)한 영물이 되지 못한다는 사실을 배울 수 있다. 무소부재하다는 말은 어느 곳에나 존재한다는 뜻이다. 사탄은 영물이기는 하지만 하나님처럼 무소부재하지 못한다. 무엇을 보고 알 수 있는가?(7절)

6 사탄은 하나님을 경외하는 욥의 중심이 어디 있는지를 바로 알지 못했다. 이것을 보면 사탄은 전지전능한 존재가 아니라는 것이 확실하다. 9-12절과 21-22절을 비교하면서 이 사실을 확인해 보라.

7 사탄은 욥이 이것저것 잘 되니까 예수를 믿는다고 짐작했다. 실제 우리 중에는 이런 사람들이 많은 것이 현실이다. 혹시 당신은 그렇지는 않은가? 이런 사람이 안고 있는 치명적인 약점은 무엇이라고 생각하는가?(참고 / 딤후 4:10)

8 사탄은 하나님의 허락 없이 아무 일도 할 수 없다. 무엇을 보면 알 수 있는가?(12절, 참고 / 욥 2:6)

9 사탄이 함부로 우리를 다룰 수 없다는 사실이 얼마나 우리를 안심시키고 담대하게 하는지 모른다. 당신에게는 이 담대함이 있는가?(참고 / 요 10:29; 요일 5:18)

삶의 열매를 거두며

사탄은 결코 무소부재한 영물도 아니며 전지전능한 존재도 아니다. 다음의 글을 읽고 각자의 생각을 나누어 보라.

사탄에 대한 공부를 하면서 우리가 정말 감사하고 기뻐해야 할 일이 있다. 그것은 예수 그리스도가 사탄을 정복하셨다는 사실이다. 예수 그리스도가 사탄을 이기셨으므로 사탄은 하늘에서 번개처럼 떨어졌다. "예수께서 이르시되 사탄이 하늘로부터 번개같이 떨어지는 것을 내가 보았노라"(눅 10:18). 하늘에서 쫓겨난 사탄이 지금 세상에서 활동하고 있다. 그러나 그것은 어디까지나 시한부 활동에 지나지 않는다. 주님이 재림하시는 날, 사탄은 영원한 멸망의 음부로 떨어질 것이다. 우리가 때로는 사탄으로부터 공격을 받을 수도 있고, 유혹을 받을 수도 있다. 또한 그의 위협 앞에 떨 수도 있다. 그러나 우리 앞에는 승리자 되신 예수 그리스도가 계신다. 이 사실을 잊지 마라. 믿음으로 예수님을 붙잡으라. 날마다 말씀과 기도로 무장하라. 마귀가 틈을 타지 못하도록 주의하라. "근신하라 깨어라 너희 대적 마귀가 우는 사자 같이 두루 다니며 삼킬 자를 찾나니 너희는 믿음을 굳건하게 하여 그를 대적하라 이는 세상에 있는 너희 형제들도 동일한 고난을 당하는 줄을 앎이라 모든 은혜의 하나님 곧 그리스도 안에서 너희를 부르사 자기의 영원한 영광에 들어가게 하신 이가 잠깐 고난을 당한 너희를 친히 온전하게 하시며 굳건하게 하시며 강하게 하시며 터를 견고하게 하시리라"(벧전 5:8-10).

Lesson 03

역경을 대처하는 길

욥기 1:13-22

13 하루는 욥의 자녀들이 그 맏아들의 집에서 음식을 먹으며 포도주를 마실 때에
14 사환이 욥에게 와서 아뢰되 소는 밭을 갈고 나귀는 그 곁에서 풀을 먹는데 15 스바
사람이 갑자기 이르러 그것들을 빼앗고 칼로 종들을 죽였나이다 나만 홀로 피하였
으므로 주인께 아뢰러 왔나이다 16 그가 아직 말하는 동안에 또 한 사람이 와서 아뢰
되 하나님의 불이 하늘에서 떨어져서 양과 종들을 살라 버렸나이다 나만 홀로 피하
였으므로 주인께 아뢰러 왔나이다 17 그가 아직 말하는 동안에 또 한 사람이 와서 아
뢰되 갈대아 사람이 세 무리를 지어 갑자기 낙타에게 달려들어 그것을 빼앗으며 칼
로 종들을 죽였나이다 나만 홀로 피하였으므로 주인께 아뢰러 왔나이다 18 그가 아
직 말하는 동안에 또 한 사람이 와서 아뢰되 주인의 자녀들이 그들의 맏아들의 집에
서 음식을 먹으며 포도주를 마시는데 19 거친 들에서 큰 바람이 와서 집 네 모퉁이를
치매 그 청년들 위에 무너지므로 그들이 죽었나이다 나만 홀로 피하였으므로 주인
께 아뢰러 왔나이다 한지라 20 욥이 일어나 겉옷을 찢고 머리털을 밀고 땅에 엎드려
예배하며 21 이르되 내가 모태에서 알몸으로 나왔사온즉 또한 알몸이 그리로 돌아가
올지라 주신 이도 여호와시요 거두신 이도 여호와시오니 여호와의 이름이 찬송을
받으실지니이다 하고 22 이 모든 일에 욥이 범죄하지 아니하고 하나님을 향하여 원
망하지 아니하니라

마음의 문을 열며

18세기에 영국에서 활동했던 위대한 복음의 일꾼 중에서 탑레이디라는 목사가 있다. 불행하게도 그는 폐결핵으로 인해 38세의 젊은 나이로 세상을 떠났다. 우리가 즐겨 부르는 503장 찬송이 그가 쓴 찬송시다. 1절에서는 순풍을 만난 듯이 이 세상을 살게 해주신 것을 감사하고 2절에서는 큰 풍랑이 일어나서 몹시 힘들지만 그 가운데서도 천국을 향해 더 빨리 가게 해주시니 감사하다고 고백하고 있다. 탑레이디 목사의 찬송시가 말해 주고 있듯이 우리의 인생에는 순풍과 역풍이 있기 마련이다. 기쁨과 즐거움도 있지만 고난과 고통 또한 피할 수 없는 것이 우리의 인생이다.

어떤 점에서는 행복보다는 불행이, 형통보다는 고난이 더 많은 것 같다. 그러므로 형통을 다루는 것 못지않게 불행을 다룰 수 있는 능력을 가져야 한다. 이 시간 욥을 통해 이것을 배우도록 하자.

말씀의 씨를 뿌리며

1 고난이 얼마나 예측불허한지를 우리는 욥의 사건을 통해서 생생하게 실감할 수 있다. 13절을 보면 맨 앞에 '하루는' 이라는 단어가 나온다. 여기에는 굉장한 의미가 내포되어 있다. 그 의미가 무엇이라고 생각하는가?(참고 / 욥 29:18, 30:26)

2 욥이 당한 고난은 이유를 알 수 없는 것이었다. 그리고 몹시 억울하고 모순처럼 보이는 불행이었다. 그런데도 하나님은 욥에게 아무런 설명을 하지 않으셨다. 그래서인지 욥은 자기의 불편한 심기를 토로한다. 욥기 21장 7-13절을 가지고 확인해 보라.

3 다음의 내용을 읽고 느낀 것을 나누어 보라(참고 / 전 3:1-11).

가령 여기에 어떤 유능한 기장이 있다고 하자. 그가 자기의 비행 경력과 탁월한 조종 기술을 내세우며 "내가 조종하는 비행기는 절대로 사고가 나지 않아." 하고 큰소리를 친다면 당신은 그의 말을 수긍할 수 있는가? 조종사는 항상 사고가 일어날지도 모른다는 가능성을 인정해야 한다. 조종사가 왜 많은 시간을 들여서 비행 교육을 받고 훈련을 받는가? 안전 운항을 위해서, 만약의 사태에 대비해서 그렇게 하는 것이다. 우리가 여객기에 몸을 실으면 원하든 원치 않든 반드시 들어야 하는 말이 있다. 승무원이 나와서 몇 가지 안전 수칙을 가르쳐 주는 것이다. 만약의 사태에 대비해서 산소마스크는 어디에 있고 구명대는 어떻게 매는 등 승객들에게 비상시의 행동에 대한 지침을 준다. 그러나 그것을 귀담아 듣는 사람은 별로 없다. 설마 그런 일이 일어날까라고 생각하기 때문이다. 승객이 보여야 할 바른 태도는 아니라고 생각한다.

"나는 기도를 많이 했으니 사고가 나지 않아. 괜찮아." 하며 승무원의 말을 무시하는 사람이 있는가? 그런 믿음을 놓고 전적으로 잘못되었다고 말할 수는 없다. 그러나 그런 행동이 옳다고 할 수도 없다. 세상을 살아가는 방법도 마찬가지다. 비행기를 타고 가는 사람처럼 살아야 한다. 다시 말해 만일의 사태에 대비하며 살아야 한다는 말이다.

하나님은 우리의 선한 아버지시다. 그분은 우리가 불행하기를 바라지 않는다. 예레미야 29장 11절을 보라.

5 하나님은 우리가 스스로 불행을 예방할 수 있도록 많은 교훈을 주신다. 잠언 3장 1-10절을 통해 '불행을 예방하는 법' 몇 가지를 정리해 보라.

6 당신의 경우를 돌아보자. 하나님의 교훈을 귀담아 듣지 않아 스스로 자초한 고통은 없는가?

7 우리가 욥을 통해 배워야 할 중요한 진리는 의인의 고통이다. 하나님을 경외하는 자가 세상에서 고난의 길을 걸을 수 있다는 것이다. 베드로전서 2장 19-21절을 '부당하게', '선을 행함으로' 라는 말을 중심으로 생각해 보라.

8 하루 아침에 가정을 잃고 알거지가 된 욥은 하나님께 어떤 태도를 취했는가?(20-22절)

삶의 열매를 거두며

하나님은 고난 중에도 욥처럼 하나님을 의지하는 자를 기뻐하신다. 당신은 어떤가? 하나님의 자녀 된 우리는 고난을 당할 때마다 예수님을 바라보아야 한다. 다음의 글을 읽고 당신도 그렇게 할 수 있는지 스스로 물어 보라.

하늘의 시인이라고 불리는 송명희 자매를 아는 분이 많을 것이다. 그녀는 뇌성마비의 몸으로 태어났다. 그녀는 예수님을 알고서 그분께 드리는 편지를 쓴 적이 있다. 그 편지의 서두는 "고난의 선생님께 드리는 편지"라는 말로 시작된다.

"선생님을 좇은 후에도 고난은 저를 떠나주지 않았고 오히려 고난이 많아져 고통스러움은 더해만 갔었는데 선생님이 제 옆에 계셔서 육신의 고달픔은 여전했으나 마음은 편했고 감사함으로 고난의 코스를 잘 밟을 수 있었지요. 의심과 두려움이 있을 때에 '두려워 말고 믿기만 하라.' 슬프고 괴로울 때는 '애야 나는 너를 사랑한단다.' 제가 도저히 용서받을 수 없는 잘못을 저지를 땐 '그래도 나는 너를 사랑한단다.' 선생님은 그렇게 수없이 말씀하시며 그 부드러운 손으로 안아 주셨지요. 선생님의 사랑 속에서 저도 선생님을 사모하게 되었고 그 누구보다 선생님을 좋아하게 되었습니다. 제가 선생님을 만난 후 건강이 없어도, 지식이 없어도, 많은 재물이 없어도, 모든 일이 잘 되든지 안 되든지 선생님이 계시기에 감사할 수 있었지요. 선생님, 고난은 고난으로 끝나는 것이 아닌가 봐요. 그 어려움 때문에 선생님을 만나게 되었고 또한 고난이 가져다 준 성숙이라는 작은 선물도 있으니 말입니다. 감사의 성숙과 이해의 성숙은 고난이 아니면 얻어지는 게 아닌가 봅니다. 그리고 고난은 영광을 가져다 주지요."

Lesson 04

남편의 불행, 아내의 슬픔

욥기 2:1-10

1 또 하루는 하나님의 아들들이 와서 여호와 앞에 서고 사탄도 그들 가운데에 와서
여호와 앞에 서니 2 여호와께서 사탄에게 이르시되 네가 어디서 왔느냐 사탄이 여호
와께 대답하여 이르되 땅을 두루 돌아 여기 저기 다녀왔나이다 3 여호와께서 사탄에
게 이르시되 네가 내 종 욥을 주의하여 보았느냐 그와 같이 온전하고 정직하여 하나
님을 경외하며 악에서 떠난 자가 세상에 없느니라 네가 나를 충동하여 까닭 없이 그
를 치게 하였어도 그가 여전히 자기의 온전함을 굳게 지켰느니라 4 사탄이 여호와께
대답하여 이르되 가죽으로 가죽을 바꾸오니 사람이 그의 모든 소유물로 자기의 생
명을 바꾸올지라 5 이제 주의 손을 펴서 그의 뼈와 살을 치소서 그리하시면 틀림없
이 주를 향하여 욕하지 않겠나이까 6 여호와께서 사탄에게 이르시되 내가 그를 네
손에 맡기노라 다만 그의 생명은 해하지 말지니라 7 사탄이 이에 여호와 앞에서 물
러가서 욥을 쳐서 그의 발바닥에서 정수리까지 종기가 나게 한지라 8 욥이 재 가운
데 앉아서 질그릇 조각을 가져다가 몸을 긁고 있더니 9 그의 아내가 그에게 이르되
당신이 그래도 자기의 온전함을 굳게 지키느냐 하나님을 욕하고 죽으라 10 그가 이
르되 그대의 말이 한 어리석은 여자의 말 같도다 우리가 하나님께 복을 받았은즉 화
도 받지 아니하겠느냐 하고 이 모든 일에 욥이 입술로 범죄하지 아니하니라

마음의 문을 열며

세상을 어지간히 살아본 사람이라면 잘 하는 말이 있다. "재물을 잃는 것은 적게 잃는 것이고 명예를 잃는 것은 많이 잃는 것이다. 그러나 건강을 잃는 것은 전부를 다 잃는 것이다." 인생에서는 무엇보다도 건강이 가장 중요하다는 말이다. 오늘 본문을 보면 재산과 자식과 명예를 하루 아침에 잃어버린 욥이 마지막으로 남아 있던 건강마저도 잃게 된 끔찍한 장면이 나온다. 하나님은 지금 욥의 순전함, 즉 그의 믿음의 순수성을 놓고 사탄과 제2라운드 줄다리기를 하고 계신다. 그러나 사탄은 여기에 대해서 맞서며, "아니요, 그의 신앙은 조건적입니다. 아직도 건강하니까 하나님을 찾는 것입니다."라고 항변한다.

하나님은 사탄의 주장이 얼마나 잘못되었는지를 보여 주고자 하신 것 같다. 어떤 일이 일어났는지 살펴보자.

말씀의 씨를 뿌리며

1 사탄이 하나님께 요구한 것이 무엇인가? 왜 그런 요구를 했다고 생각하는가?(4-5절)

2 사탄의 공격을 받은 욥은 어떻게 되었는가?(7-8절)

3 욥의 경우를 보고 모든 병은 사탄, 마귀, 귀신이 일으키는 것이라고 주장하는 사람들이 있다. 사탄이 병을 통해 사람들을 무참하게 괴롭힐 수 있다는 것은 사실이다. 그러나 하나님의 소유가 된 성도들의 입장은 다르다. 성도에게 있어서 병은 반드시 귀신이 주는 것이 아니다. 또한 반드시 죄 값으로 오는 것도 아니다. 성도의 병에는 하나님의 특별하신 뜻이 숨어 있다. 하나님이 허락하지 않으시면 아무리 사탄이나 귀신이 병을 일으키고 싶어도 하나님의 자녀에게는 손을 대지 못한다. 당신은 이 사실에 동의할 수 있는가?

4 욥이 끔찍한 모습을 하고 잿더미에 앉아 있는 모습을 보고 그의 아내는 흥분했다. 그녀는 무엇이라고 말했는가?(9절)

5 성경의 인물 가운데 욥의 아내는 욕을 많이 먹는 부류에 속한다. 유대 랍비들은 그녀를 가리켜 '디나' 라는 이름을 붙였다. 야곱의 딸인 디나처럼 어리석은 여자라는 말이다. 어거스틴은 이 여인을 놓고 사탄의 시녀라고 했고, 칼빈은 사탄의 도구라고 했다. 심지어 어떤 사람은 제2의 하와라고 별명을 붙였다. 당신은 이런 견해들에 대해 어떻게 생각하는가?

6 당신이 욥의 아내와 비슷한 입장에 놓이게 된다면 어떻게 할 것 같은가?

7 다음의 글을 읽고 자신은 어떤 입장에 있는지 점검해 보라.

욥은 이상주의자였다. 그러나 그의 아내는 현실주의자였던 것 같다. 욥의 아내는 이렇게 생각했을 것이다. "믿음이 좋으면 복을 받는다. 열심히 하나님을 믿는다면 재앙은 절대 우리 가정에 임하지 않는다. 자식도 잘 될 것이요, 사업도 형통할 것이다." 현실주의자들은 예수 믿어서 모든 것이 잘 된다 싶을 때는 누구보다 열심히 하나님을 섬길 수 있다. 욥의 아내도 아마 형통할 때에는 욥보다 더 열심히 하나님을 섬겼을지 모른다. 그러나 막상 잘 믿는 것이 아무 소용이 없어 보이면 현실주의자의 믿음은 사정없이 흔들리고 만다. 아이들이 떼죽음을 당하는 꼴을 보았을 때의 심정이 어떠했겠는가? 아마 잔치할 때마다 번제를 드리던 남편의 행동이 청승맞게 떠올랐을 것이다. 일이 잘 되지 않을 때 현실주의자의 신앙은 견고하게 남아 있을 수 없다. 욥의 아내가 바로 이런 사람이 아니었나 생각된다. 그의 가슴에 모든 갈등과 한을 묻어 두기에는 그 도가 넘어버렸다. 그래서 본의 아니게 "날마다 하나님, 하나님 하더니 기껏 이 정도요?" 하고 남편을 쏘아 붙였던 것 같다. 욥의 아내는 불행하게도 시험에 빠져 사탄의 시녀처럼 된 것이다. 사탄이 그것을 노렸다. "건강하니까 하나님, 하나님 하는 것이지 병들어 봐라 하나님이 무슨 소용이 있냐" 하는 사탄의 주장에 동조하는 꼴이 되고 말았다. 불행하게도 욥의 아내는 사탄의 주장이 옳다는 것을 입증하는 처지에 놓이고 말았다. 현실주의자는 그렇게 되기가 쉽다.

8 아내의 말을 들은 욥의 반응은 어떠했는가?(10절)

삶의 열매를 거두며

위기를 만날 때마다 믿음으로 승리하려면 남편과 아내가 모두 잘 믿어야 한다. 당신의 배우자의 믿음은 어떤가? 당신의 배우자의 믿음이 좋다면 당신의 믿음도 그와 같은 수준이 되어야 한다. 그래야만 배우자가 어려울 때 고난을 함께 감당할 수 있는 사람이 될 수 있다. 배우자가 의롭게 처신하려다가 손해를 보게 되면 그 고통을 함께 짊어져야 한다. '예수 잘 믿어 돌아온 게 뭐냐' 는 식의 현실주의자가 되면 안 된다. 부부는 서로의 영혼을 해치는 관계가 되면 안 된다. 당신의 가정은 염려하지 않아도 되는가? 복과 화를 초연하는 믿음, 이것이 욥이 가진 순전한 믿음이었다. 당신과 당신 배우자의 믿음이 성숙하기 위해 가장 시급히 필요한 것은 무엇인가?

Lesson 05

좋은 위로자가 되려면

욥기 2:11-13

11 그때에 욥의 친구 세 사람이 이 모든 재앙이 그에게 내렸다 함을 듣고 각각 자기
지역에서부터 이르렀으니 곧 데만 사람 엘리바스와 수아 사람 빌닷과 나아마 사람
소발이라 그들이 욥을 위문하고 위로하려 하여 서로 약속하고 오더니 12 눈을 들어
멀리 보매 그가 욥인 줄 알기 어렵게 되었으므로 그들이 일제히 소리 질러 울며 각각
자기의 겉옷을 찢고 하늘을 향하여 티끌을 날려 자기 머리에 뿌리고 13 밤낮 칠 일
동안 그와 함께 땅에 앉았으나 욥의 고통이 심함을 보므로 그에게 한마디도 말하는
자가 없었더라

마음의 문을 열며

이 세상에서 제일 빠른 것이 있다면 소문일 것이다. 소문은 좋은 것이든 나쁜 것이든 빠른 속도로 퍼져 나간다. 특별히 나쁜 소식은 긴 다리를 가지고 있어서 더 빨리, 더 멀리 퍼져나가는 것 같다. 당대의 위인이요 스타였던 욥이 갑자기 당한 재난과 몰락은 그야말로 국제적인 특종 기사였다. 교통과 정보수단이 발달하지 않았던 고대 사회였지만 욥이 겪은 패가망신은 삽시간에 사방으로 퍼져 나갔다. 그런데 이 소문을 듣고 급히 욥을 찾아온 사람들이 있었다. 이 시간 욥을 방문했던 그들을 통해 지혜를 배울 수 있기를 바란다.

말씀의 씨를 뿌리며

1 욥이 당한 불행을 소문으로 듣고 찾아온 자들은 누구였는가? 그리고 그들의 방문 목적은 무엇이었나?(11절)

2 욥을 발견한 후 그들이 보인 반응은 어떠했나?(12-13절)

3 요즘 세상에서 이런 친구들을 찾을 수 있겠는가? 당신은 당신의 친구들에게 이런 우정을 기대할 수 있는가?

4 욥의 친구들은 좋은 위로자가 되기 위해 필요한 것이 무엇인지를 보여 주고 있다. 좋은 위로자가 되기 위해서는 슬픔을 당한 자와 우리 자신을 동일시하는 것이 우선되어야 한다. 욥의 친구들은 어떠했는가?(12절, 참고 / 롬 12:15)

5 예수님은 가장 좋은 위로자시다. 그분만큼 자신을 우리와 동일시하신 분은 없다. 다음의 구절들을 묵상하고 나누어 보라.

- 이사야 53:4/

- 빌립보서 2:6-7/

- 이사야 51:12/

6 요즘 사람들은 너무도 이기적이어서 타인의 고통을 함께 나누려 하지 않는다. 할 수 있는 한 보지 않으려 하고 피하려 한다. 그리고 빨리 잊어버리려 한다. 이런 태도 때문에 슬픔을 당한 사람들을 제대로 위로하지 못할 때가 허다하다. 당신은 타인의 슬픔에 대해 어떻게 반응하는가?

7 다음의 글을 읽고 느낀 바를 나누어 보라.

세계적으로 유명한 어느 상담학자가 쓴 책에서 읽은 이야기를 소개하려 한다. 그는 고통당하는 사람들을 상대로 아래와 같은 질문을 했다고 한다. "당신이 고통을 당하고 있을 때 어떤 사람이 가장 도움이 되었습니까?" 참 의미 있는 질문이었다. 그런데 이 질문에 응답한 사람들의 대답을 종합해 본 결과 다음과 같은 결론을 얻었다고 한다. 잠깐 심방해서 언제 들어도 지당한 말씀을 몇 마디 하고 돌아가는 목사는 별로 도움이 되지 못했다고 한다. 또 선물을 한가득 안고 찾아오는 사람도 별로 도움이 되지 못했다고 한다. 또 꽃다발을 들고 오거나 유익한 책을 사들고 와서 놓고 가는 사람도 별로 도움이 되지 못했다고 한다. 어떤 사람이 정말 도움이 되었는지 아는가? 겸허한 모습으로 찾아와서 자기 곁에 조용히 있어 주는 사람이었다. 자기가 하는 말은 무슨 말이든 들어주고, 어떤 때는 함께 울어 주기도 하고, 시간이 많이 흘렀지만 손목시계를 들여다보지 않는 그 사람이 가장 큰 위로자가 되었다고 한다. 두 말 할 것도 없이 욥의 세 친구들처럼 행동하는 사람이 슬픔을 당하는 자에게 꼭 필요하다는 말이다. 이것은 동서고금을 막론하고 변함없이 통하는 진리인 것 같다.

8 욥의 친구들은 좋은 위로자가 되기 위해서 침묵이 필요할 때가 있다는 것을 가르쳐 주고 있다. 13절을 다시 보라. 그들이 침묵한 이유는 무엇인가?

9 먼저 다음의 글을 읽고, 말을 함부로 해서 위로는커녕 상처를 준 경험이 있다면 나누어 보라.

슬픔이란 단순한 서러움이 아니다. 그것은 누군가를, 아니면 무엇을 잃어버렸다는 사실에서 오는 상실감에 대한 반응이다. 그래서인지 슬퍼하는 사람의 내면에는 극심한 갈등이 교차되는 것을 볼 수 있다. 사랑하는 자가 영원히 떠나버렸다고 하는 현실과 그 사람을 떠나보내지 않았으면 좋았을 텐데 하는 실현 불가능한 기대감 사이에서 갈등하고 있는 것이다. 그러므로 슬퍼하는 사람을 붙들고 쓸데없이 말을 많이 하거나 단번에 무엇인가를 이해시키려고 강요하면 그에게 도움이 되지 않는다. 오히려 고통당한 사람이 마음껏 복받치는 대로 감정을 표현할 수 있도록 배려해 주는 편이 좋다. 울고 싶으면 실컷 울도록 하는 것이 좋다. 마음에 담고 있는 말을 하고 싶어 하면 실컷 하게 하고 그 말을 들어주는 것이 좋다. 이것이 위로자의 진실한 태도다. 구약에서 '위로하다' 라는 말이 갖는 원래의 뜻은, 몸을 흔들며 고개를 끄덕이면서 같은 슬픔을 가지고 있다는 것을 표정과 행동으로 나타내 보인다는 것이다. 무슨 말을 많이 하는 것이 아니다. 표정과 행동으로 그 고통을 함께 나누고 있다는 것을 보여 주는 것이 구약에서 말하는 '위로하다' 의 뜻이다. 욥의 친구들이 바로 그렇게 했다.

10 슬픔과 고통의 터널을 통과하고 있는 자를 위로할 수 있는 적절한 말을 찾는 것이 얼마나 어려운지 모른다. 따라서 무슨 말을 하기 전에 침묵이 필요하다. 왜냐하면 침묵은 기도이기 때문이다. 침묵이 침묵으로 끝나서는 안 된다. 나중에는 주님이 주시는 말씀을 가지고 위로하고 치유할 수 있어야 한다. 이런 의미에서 침묵은 기도여야 한다. 다음의 구절을 묵상하고 나누어 보라.

- 잠언 15:23/

- 잠언 16:24/

삶의 열매를 거두며

이 시간 욥의 친구들을 통해 좋은 위로자가 갖추어야 할 태도와 조건에 대해서 배웠다. 좋은 위로자가 되기 위해서 당신에게 가장 시급하게 요구되는 것은 무엇인가? 그리고 지금 당신의 위로가 필요한 사람이 있다면 그에게 가장 필요한 것은 무엇인가?

Lesson 06

아무리 절망이 커도

욥기 3:11-26

11 어찌하여 내가 태에서 죽어 나오지 아니하였던가 어찌하여 내 어머니가 해산할
때에 내가 숨지지 아니하였던가 12 어찌하여 무릎이 나를 받았던가 어찌하여 내가
젖을 빨았던가 13 그렇지 아니하였던들 이제는 내가 평안히 누워서 자고 쉬었을 것
이니 14 자기를 위하여 폐허를 일으킨 세상 임금들과 모사들과 함께 있었을 것이요
15 혹시 금을 가지며 은으로 집을 채운 고관들과 함께 있었을 것이며 16 또는 낙태되
어 땅에 묻힌 아이처럼 나는 존재하지 않았겠고 빛을 보지 못한 아이들 같았을 것이
라 17 거기서는 악한 자가 소요를 그치며 거기서는 피곤한 자가 쉼을 얻으며 18 거기
서는 갇힌 자가 다 함께 평안히 있어 감독자의 호통 소리를 듣지 아니하며 19 거기서
는 작은 자와 큰 자가 함께 있고 종이 상전에게서 놓이느니라 20 어찌하여 고난 당하
는 자에게 빛을 주셨으며 마음이 아픈 자에게 생명을 주셨는고 21 이러한 자는 죽기
를 바라도 오지 아니하니 땅을 파고 숨긴 보배를 찾음보다 죽음을 구하는 것을 더하
다가 22 무덤을 찾아 얻으면 심히 기뻐하고 즐거워하나니 23 하나님에게 둘러 싸여
길이 아득한 사람에게 어찌하여 빛을 주셨는고 24 나는 음식 앞에서도 탄식이 나며
내가 앓는 소리는 물이 쏟아지는 소리 같구나 25 내가 두려워하는 그것이 내게 임하
고 내가 무서워하는 그것이 내 몸에 미쳤구나 26 나에게는 평온도 없고 안일도 없고
휴식도 없고 다만 불안만이 있구나

마음의 문을 열며

욥기서에서 발견할 수 있는 놀라운 사실은 한마디로 솔직함이라고 말할 수 있다. 저자는 서두에서 욥이 순전하고 정직하여 하나님을 경외하며 악에서 떠난 사람이라고 극찬한다. 그러나 욥기서 전체를 보면 그의 믿음을 돋보이게 하기 위해 이것저것 과장하거나 그의 좋은 점만을 나열하지 않았다는 것을 알 수 있다. 오히려 그가 얼마나 나약한 인간인지를 숨김없이 내보이고 있다. 상처 입은 그의 감정을 감추지 않는다. 욥이 입은 상처가 얼마나 크고 깊은지, 그리고 그렇게 믿음이 좋은 사람도 얼마나 힘없이 흔들릴 수 있는지를 조금도 미화하지 않고, 있는 그대로 적나라하게 기록한다. 바로 여기에 욥기서의 매력이 있다. 이것이 욥기서가 가지고 있는 강점이요, 은혜라고 할 수 있다.

이 시간 우리 역시 욥처럼 약해질 수 있는 신앙인임을 인정하면서 은혜를 사모하도록 하자.

말씀의 씨를 뿌리며

1 평소 욥기서를 읽고 끄덕이며 공감한 부분이 있었는가? 만약 있었다면 욥의 강한 믿음의 자세였는가, 아니면 그가 보여 준 인간적인 연약함이었는가?

2 다음의 글은 혹독한 시련을 당하고 있던 욥의 내면에서 일어났던 심리적인 변화를 이해하는 데 도움을 줄 것이다. 읽고 느낀 바를 나누어 보라.

1960년대 시카고 대학교에서 일하던 엘리자벳 쿠블러 로스라는 심리학자가 『죽음과 죽는 것』이라는 책을 낸 적이 있다. 그는 환자가 의사로부터 시한부 인생을 선고받았을 때 겪게 되는 여러 가지 심리적 변화를 연구 분석하여 그 책에 기록해 놓았다.

처음에는 환자가 의사의 말을 부정한다고 한다. "아니야, 그럴 리가 없어, 의사가 오진했어." 그 다음에는 분노를 터뜨린다고 한다. "왜, 내가 이런 일을 당해야 돼? 나보다 더 악한 사람도 멀쩡한데 왜 내가 이런 일을 당해?" 그리고 좀 지나고 나면 협상을 한다고 한다. "하나님, 저를 고쳐주시면 주님을 위해서 살겠습니다. 목사가 되겠습니다. 선교사가 되겠습니다. 목숨만 살려주십시오." 그러다가 깊은 영적 침체에 빠진다고 한다. 일종의 우울증이다. 그러다가 마지막 단계에 가서는 모든 것을 포기하고 자기에게 주어진 운명을 그대로 수용하는 자세로 바뀐다고 한다.

3 욥이 보여 준 첫 번째 반응은 절망이었다. 본문 가운데서 그의 절망을 가장 잘 나타내고 있는 말은 무엇이라고 생각하는가?

4 욥의 절망은 불신앙적 절망이 아니라 인간적 절망이다. 어떤 사람들은 믿음이 좋으면 절대로 절망하지 않는다고 큰소리친다. 당신은 이 주장에 동의하는가? 동의하거나 혹은 동의하지 않는다면 그 이유는 무엇인가?

5 욥이 보여 준 두 번째 반응은 분노였다. 그의 마음 밑바닥에 분노의 불이 타오르고 있음을 감지할 수 있다. 25-26절을 보라(참고 / 9:17-18, 23:2).

6 욥의 말을 살펴보면 그가 우울증에 빠져 있다는 것을 알 수 있다. 일반적으로 우울증 환자들은 죽고 싶다는 충동을 자주 강하게 느낀다고 한다. 아무리 믿음이 좋아도 충격이 크면 이런 경험을 할 수 있다. 당신은 지금까지 이런 경험이 한 번도 없었는가?

7 고통 속에서 당신이 느낀 절망, 분노, 우울증과 같은 감정들 가운데 가장 다루기 어려운 감정은 무엇이었는가?

8 욥이 고통을 헤치고 나간 과정을 살펴보면 감탄할 수밖에 없는 사실 하나를 발견하게 된다. 그것은 그가 처음부터 마지막까지 믿음의 밧줄에 매달려 있었다는 점이다. 절망을 해도, 분을 터트려도, 우울증에 시달려도 믿음의 밧줄에 매달린 채 그렇게 했다. 7장 16-18절을 통해 이 사실을 확인해 보라.

9 믿음의 밧줄에 매달려 있었다는 점 외에 또 하나의 놀라운 사실은 그가 고통 중에도 하나님만 소망했다는 것이다. 19장 25-26절을 가지고 확인해 보라.

삶의 열매를 거두며

하나님의 자녀 역시 슬픔을 못 이겨서 절망할 수도 있고 분노할 수도 있다. 침체의 늪에 빠져 허우적거릴 수도 있다. 외기러기처럼 울부짖으며 캄캄한 밤을 보낼 수도 있다. 그러나 하나님은 그 가운데서도 우리를 떠나지 않으시고 우리로 하여금 소망을 갖도록 하신다. 우리 눈을 씻어주시고 점점 더 높고 넓은 곳으로 인도하고 계신다. 다음 말씀을 암송하면서 선하시고 능력 많으신 하나님을 찬양하자(시 118:14-18).

Lesson 07

종교적 도덕주의자, 엘리바스

욥기 4:1-11

1 데만 사람 엘리바스가 대답하여 이르되 2 누가 네게 말하면 네가 싫증을 내겠느냐,
누가 참고 말하지 아니하겠느냐 3 보라 전에 네가 여러 사람을 훈계하였고 손이 늘
어진 자를 강하게 하였고 4 넘어지는 자를 말로 붙들어 주었고 무릎이 약한 자를 강
하게 하였거늘 5 이제 이 일이 네게 이르매 네가 힘들어 하고 이 일이 네게 닥치매 네
가 놀라는구나 6 네 경외함이 네 자랑이 아니냐 네 소망이 네 온전한 길이 아니냐
7 생각하여 보라 죄 없이 망한 자가 누구인가 정직한 자의 끊어짐이 어디 있는가
8 내가 보건대 악을 밭 갈고 독을 뿌리는 자는 그대로 거두나니 9 다 하나님의 입 기
운에 멸망하고 그의 콧김에 사라지느니라 10 사자의 우는 소리와 젊은 사자의 소리
가 그치고 어린 사자의 이가 부러지며 11 사자는 사냥한 것이 없어 죽어 가고 암사자
의 새끼는 흩어지느니라

마음의 문을 열며

고통을 당하는 사람들은 너 나 할 것 없이 그 이유를 알아내려는 강한 충동을 받는다. 그것은 고통을 당하는 당사자뿐 아니라 곁에서 그를 지켜보는 사람들까지도 "저 사람이 왜 저런 일을 당하게 됐을까?" 하고 궁금증을 가진다. 그런데 이유에 대한 관심이 지나치면 함부로 남의 문제에 대해 이러쿵저러쿵 떠들다가 결국은 고통당하는 사람의 상처에다 식초를 갖다 붓는 잔인한 짓을 저지르곤 한다. 욥의 친구들은 본의 아니게 이런 실수를 저질렀다. 처음에 세 친구들은 '어떻게 하면 욥을 위로할 수 있을까?' 하고 동정하는 마음으로 그를 찾아왔다. 처음 가졌던 동기는 너무나 아름다웠다. 그러나 욥의 고통을 가까이에서 주목하는 중 그들의 마음에는 좋지 못한 호기심이 일기 시작했다. "저런 저주를 받다니, 아니 땐 굴뚝에 연기 날까?"

우리는 욥의 친구들로부터 다른 사람의 고통을 보는 우리의 눈이 얼마나 잘못되기 쉬운가를 배워야 한다.

말씀의 씨를 뿌리며

1 욥기 4장부터 31장까지의 내용은 일종의 토론 형식으로 전개되어 있다. 욥의 친구들이 한 사람씩 욥의 문제를 가지고 자기 나름대로의 생각을 이야기한다. 그러면 욥이 자기 입장을 변호한다. 이런 형식으로 세 번 반복되면서 토론이 계속 된다. 제일 먼저 입을 연 것은 누구였는가? 그는 욥의 불행을 어떻게 진단하고 있는가?(1, 7-9절)

2 처음으로 입을 연 그에게서 종교적 도덕주의자의 냄새가 진하게 풍긴다. 특별히 그의 주장은 두 가지 사실에 크게 의존하고 있다. 그것이 무엇인지 찾아보라.

- 8절(15:17)/

- 12, 16절/

3 냉정한 종교적 도덕주의자는 모든 불행은 죄 값으로 온다는 흑백논리를 편다. 그런 사람에게는 융통성이란 존재하지 않는다. 21장 5-11절에 나타난 엘리바스의 잔인한 말을 통해 우리는 이 점을 확인할 수 있다.

4 엘리바스를 통해 우리 안에 도사리고 있는 잔인성을 보게 된다. 당신은 자신의 인생 경험을 통해 남의 불행을 설명하려고 한 일은 없는가? 엘리바스처럼 계시나 꿈, 환상 같은 신비스러운 체험을 통해 남의 불행을 설명하려고 한 일은 없는가? 있다면 어떤 경우였는가? 지금 돌이켜 볼 때 어떤 생각이 드는가?

5 당신의 고통을 놓고 엘리바스처럼 말하는 사람을 본 일이 있는가? 그때의 심정은 어떠했는가?

6 한 가지 명심해야 할 사실은, 엘리바스의 말을 그대로 놓고 보면 하나도 틀린 것이 없다는 점이다. 이것은 다른 친구들의 경우에도 마찬가지다. 그럼에도 불구하고 욥의 문제를 설명하는 데는 옳은 말이 아니었다. 42장 7절을 통해 확인해 보라.

7 다음의 내용을 읽고 깨달은 바를 나누어 보라.

옳은 말이라고 해서 다 선한 말이라고 할 수는 없다. 진리라고 해서 누구한테나 다 유익한 것은 아니다. 하나님의 말씀이라고 해서 언제나 은혜가 되는 것은 아니다. 말하는 동기가 잘못되면 천상에서 들리는 하나님의 음성을 가지고 말해도 아무런 유익을 주지 못한다. 상대를 잘못 알고 진리를 이야기하면 그 진리는 아무 열매도 거두지 못하고 떨어져 버린다. 적용이 잘못되면 비록 진리라 할지라도 선한 덕을 세우지 못한다. 이것이 세 친구로부터 얻을 수 있는 교훈이다. 이제 그들에게 있어서 어떤 점이 잘못되었는지 검토해 보자.

응보의 법칙은 성경에서 가르치는 진리다. 그러나 욥의 친구들은 그것을 하나님의 섭리와 고통의 문제를 푸는 열쇠처럼 생각했는데 바로 그것이 그들이 범한 큰 실수였다. 하나님의 섭리는 한 가지 공식으로는 설명될 수 없는 심오한 것이다. 인생이 당하는 고통의 원인은 그 뿌리가 너무 복잡해서 한두 가지 이유로는 설명할 수 없다. 죄를 범하면 벌이 따르고 고통이 온다는 것은 하나님이 가르쳐 주신 진리다. 그러나 모든 고통이 죄값은 아닌 것이다. 악한 자는 반드시 망하고 뿌린 대로 거둔다는 것은 하나님이 가르쳐 주신 진리다. 그러나 악한 것을 뿌렸지만 그대로 거두지 않고 형통하게 사는 사람도 많이 있다. 선한 자라고 무조건 형통한 것만은 아니다.

그럼에도 불구하고 세 친구들은 자기 말이 틀림없다는 식으로 장담했다. 그들은 욥의 손발을 응보의 법칙이라는 사슬로 묶어놓으려 했다. 이것이 문제였다.

삶의 열매를 거두며

종종 자기가 좋아하는 몇 가지 성경 구절들을 가지고 세상의 모든 문제에 대해 해답을 제시할 수 있는 것처럼 큰소리치는 사람들을 본다. 엘리바스처럼 우리도 비슷한 과오를 범할 수 있다. 우리는 겸손해야 하며, 특히 다른 형제들의 고통에 대해 겸손한 자세를 취해야 한다. 이런 관점에서 볼 때 당신이 고쳐야 할 점은 무엇인가?

Lesson 08

징계의 복

욥기 5:8-27

8 나라면 하나님을 찾겠고 내 일을 하나님께 의탁하리라 9 하나님은 헤아릴 수 없이
큰일을 행하시며 기이한 일을 셀 수 없이 행하시나니 10 비를 땅에 내리시고 물을 밭
에 보내시며 11 낮은 자를 높이 드시고 애곡하는 자를 일으키사 구원에 이르게 하시
느니라 12 하나님은 교활한 자의 계교를 꺾으사 그들의 손이 성공하지 못하게 하시
며 13 지혜로운 자가 자기의 계략에 빠지게 하시며 간교한 자의 계략을 무너뜨리시
므로 14 그들은 낮에도 어두움을 만나고 대낮에도 더듬기를 밤과 같이 하느니라
15 하나님은 가난한 자를 강한 자의 칼과 그 입에서, 또한 그들의 손에서 구출하여
주시나니 16 그러므로 가난한 자가 희망이 있고 악행이 스스로 입을 다무느니라
17 볼지어다 하나님께 징계 받는 자에게는 복이 있나니 그런즉 너는 전능자의 징계
를 업신여기지 말지니라 18 하나님은 아프게 하시다가 싸매시며 상하게 하시다가 그
의 손으로 고치시나니 19 여섯 가지 환난에서 너를 구원하시며 일곱 가지 환난이라
도 그 재앙이 네게 미치지 않게 하시며 20 기근 때에 죽음에서, 전쟁 때에 칼의 위협
에서 너를 구원하실 터인즉 21 네가 혀의 채찍을 피하여 숨을 수가 있고 멸망이 올
때에도 두려워하지 아니할 것이라 22 너는 멸망과 기근을 비웃으며 들짐승을 두려워
하지 말라 23 들에 있는 돌이 너와 언약을 맺겠고 들짐승이 너와 화목하게 살 것이니
라 24 네가 네 장막의 평안함을 알고 네 우리를 살펴도 잃은 것이 없을 것이며 25 네

자손이 많아지며 네 후손이 땅의 풀과 같이 될 줄을 네가 알 것이라 26 네가 장수하
다가 무덤에 이르리니 마치 곡식단을 제 때에 들어올림 같으니라 27 볼지어다 우리
가 연구한 바가 이와 같으니 너는 들어 보라 그러면 네가 알리라

마음의 문을 열며

흔히 욥기서를 지혜의 책이라 부른다. 비록 욥의 친구들이 욥의 문제를 다루는 데는 큰 오류를 범하였지만, 그들의 말을 가만히 살펴보면 인생의 사려 깊은 지혜가 담겨 있음을 발견하게 된다. 유명한 구약학자인 델리취는 그들의 말에서 틀린 점을 찾아낼 수 없다는 말까지 했다. 우리는 욥의 친구들의 말을 가볍게 다루어서는 안 된다. 그들의 말에도 하나님의 계시의 진리가 담겨 있다는 사실을 인정하고 성령께서 깨닫게 하시도록 기도해야 한다. 이 시간에는 엘리바스의 말에 담긴 지혜를 살펴보도록 하자.

말씀의 씨를 뿌리며

1 욥의 친구들의 말은 모두 잘못되었다는 생각 때문에 이 부분을 하나님의 말씀으로 받아들이기를 꺼린 일이 있는가? 그럴 때 당신은 어떻게 했는가?

2 엘리바스 자신이 욥과 같은 불행을 당한다면 어떻게 하겠다고 하는가? 그는 그렇게 행하는 이유를 함께 말하고 있다. 무엇이라고 했는가?(8-11절)

3 당신은 고통을 당할 때 간절히 하나님을 찾은 경험이 있는가? 그럴 때 하나님은 정말 당신의 슬픔을 씻어주시고 안전한 곳으로 인도하셨는가?

4 하나님은 당신의 자녀를 종종 징계하신다. 그러나 그 징계는 화가 아니라 복이다. 왜 그렇다고 생각하는가?(18절, 참고 / 히 12: 7-8, 11)

5 하나님이 때리시는 매를 맞아본 경험이 있는가? 경험이 있었다면 그것을 복이라고 말할 수 있는가?

6 징계 이후에 하나님은 우리를 어떻게 대하시는가? 19-26절을 가지고 중요한 점들을 정리해 보라.

7 정리한 내용 가운데 당신이 직접 경험한 사건이 있으면 나누어 보라.

8 종종 우리의 믿음은 하나님의 말씀보다 현실에 나타나는 현상을 보고 좌지우지 될 때가 있다. "하나님이 말씀하신 것은 사실이지만 현실은 그렇지 않아. 징계의 상처가 아물지 않아 오랫동안 신음하고 있는 자들도 많아. 그러니까 성경의 말씀도 적당히 새겨들어야 해." 이런 의심 때문에 우리 손에 주어진 하나님의 복을 놓치는 일이 없는지 살펴보라.

삶의 열매를 거두며

우리 주변을 살펴보자. 틀림없이 하나님의 징계를 받고 있는 데도 그것을 깨닫지 못해 하나님께 엎드리지 않는 사람들이 있다. 우리는 그들을 도와야 한다. 그들을 돕기 위해 가장 시급히 행해야 할 것이 무엇인지 생각해 보라.

Lesson 09

마음의 아픔과 원망

욥기 7:1-21

1 이 땅에 사는 인생에게 힘든 노동이 있지 아니하겠느냐 그의 날이 품꾼의 날과 같
지 아니하겠느냐 2 종은 저녁 그늘을 몹시 바라고 품꾼은 그의 삯을 기다리나니 3 이
와 같이 내가 여러 달째 고통을 받으니 고달픈 밤이 내게 작정되었구나 4 내가 누울
때면 말하기를 언제나 일어날까, 언제나 밤이 갈까 하며 새벽까지 이리 뒤척, 저리
뒤척 하는구나 5 내 살에는 구더기와 흙 덩이가 의복처럼 입혀졌고 내 피부는 굳어
졌다가 터지는구나 6 나의 날은 베틀의 북보다 빠르니 희망 없이 보내는구나 7 내 생
명이 한낱 바람 같음을 생각하옵소서 나의 눈이 다시는 행복을 보지 못하리이다
8 나를 본 자의 눈이 다시는 나를 보지 못할 것이고 주의 눈이 나를 향하실지라도 내
가 있지 아니하리이다 9 구름이 사라져 없어짐 같이 스올로 내려가는 자는 다시 올
라오지 못할 것이오니 10 그는 다시 자기 집으로 돌아가지 못하겠고 자기 처소도 다
시 그를 알지 못하리이다 11 그런즉 내가 내 입을 금하지 아니하고 내 영혼의 아픔
때문에 말하며 내 마음의 괴로움 때문에 불평하리이다 12 내가 바다니이까 바다 괴
물이니이까 주께서 어찌하여 나를 지키시나이까 13 혹시 내가 말하기를 내 잠자리가
나를 위로하고 내 침상이 내 수심을 풀리라 할 때에 14 주께서 꿈으로 나를 놀라게
하시고 환상으로 나를 두렵게 하시나이다 15 이러므로 내 마음이 뼈를 깎는 고통을
겪느니 차라리 숨이 막히는 것과 죽는 것을 택하리이다 16 내가 생명을 싫어하고 영

원히 살기를 원하지 아니하오니 나를 놓으소서 내 날은 헛 것이니이다 17 사람이 무
엇이기에 주께서 그를 크게 만드사 그에게 마음을 두시고 18 아침마다 권징하시며
순간마다 단련하시나이까 19 주께서 내게서 눈을 돌이키지 아니하시며 내가 침을 삼
킬 동안도 나를 놓지 아니하시기를 어느 때까지 하시리이까 20 사람을 감찰하시는
이여 내가 범죄하였던들 주께 무슨 해가 되오리이까 어찌하여 나를 당신의 과녁으
로 삼으셔서 내게 무거운 짐이 되게 하셨나이까 21 주께서 어찌하여 내 허물을 사하
여 주지 아니하시며 내 죄악을 제거하여 버리지 아니하시나이까 내가 이제 흙에 누
우리니 주께서 나를 애써 찾으실지라도 내가 남아 있지 아니하리이다

마음의 문을 열며

욥은 죄 없이 망한 자가 어디 있느냐고 윽박지르는 친구 엘리바스의 말에 억장이 무너지는 것 같은 캄캄함을 절감했다. 분노가 치밀어 오르고 아무나 붙잡고 하소연이라도 하고 싶었다. 이 시간 우리는 그의 인생 독백을 듣게 된다. 그리고 하나님을 향하여 원망하는 그의 처량한 모습을 만나게 된다. 그 누구도 자기의 불행과 원통함을 알아주지 않을 때 얼마나 작고 초라해 질 수 있는지를 엿볼 수 있다. 여기서 우리가 배워야 할 진리가 무엇인지, 성령이 들려주시는 거룩한 음성에 마음 문을 열어 보자.

말씀의 씨를 뿌리며

1 사람은 자기가 불행하면 세상을 밝게 보지 못한다. 욥도 마찬가지였다. 욥의 눈에 비친 인생은 어떤 모습이었나?(1-2절)

2 욥은 참으로 고통스러운 나날을 보내고 있었다. 3-7절을 읽어 보라. 어떤 느낌이 드는가?

3 고통을 이기지 못한 욥은 하나님을 향해 본의 아니게 원망을 하게 된다. 어떤 원망을 하고 있는가?(11-14절)

4 욥은 한시라도 빨리 죽어서 고통에서 자유하기를 원했다. 그러나 죽는 것도 마음대로 되지 않는다는 사실을 알았다. 원하는 대로 되지 않았던 이유는 무엇인가?(16-19절)

5 당신은 자살에 대해 생각해 본 일이 있는가? 있었다면 그때의 심정을 나누어 보라. 그리고 자살에 관한 성경적 기준을 욥의 말에서 찾아보자(참고 / 행 17:25).

6 침을 삼킬 동안처럼 세밀한 부분까지 하나님이 당신을 감찰하고 계시다는 사실을 믿는가? 당신은 그러한 하나님의 감찰하심을 은혜로 여기는가? 아니면 부담으로 여기는가?

7 욥은 자기가 저주를 받을 만큼 범죄한 일이 없다고 확신하고 있다. 그럼에도 그는 자신의 불행에 대해 죄책감을 느끼고 있다(20-21절).

8 불행이 닥칠 때마다 자주 얼굴을 내미는 과거의 죄, 그리고 죄책감을 당신도 가지고 있는가? 당신은 그것을 어떻게 처리하고 있는가?

9 다음의 글을 읽어보고 각자 느낀 것을 나누어 보라.

지금도 공단 주변에는 겨우 몸 하나 누울 수 있는 쪽방들이 있다. 나는 고등학교 시절 이런 방에서 아무도 찾아오지 않고 아무것도 먹지 못한 채 쪽방에서 7일간이나 몸져누워 있었던 적이 있다. 그 시절을 생각하면 지금도 오싹해진다. 7일째 되는 밤에는 꼭 죽을 것만 같은 생각이 들면서, 그렇게 아프던 몸과 정신이 맑아지며 하나님께 유언과 같은 기도를 드릴 수 있었다.

"하나님! 왜 제게 이런 어려움과 고통을 주십니까? 남들은 부모님의 품안에서 김이 모락모락 오르는 밥을 먹으면서 편히 자고 공부하는데 왜 나에게는 끝없는 고통을 주십니까? 그것도 모자라 오늘 밤에는 아예 저를 데려가시려고 작정을 하신 것 같군요. 하나님 저는 죽으면 차라리 좋겠습니다. 이 지긋지긋한 세상 더 살아서 무엇하겠습니까? 그런데 아버지와 친척 동료들은 제 죽음을 보고 뭐라고 하겠습니까? '고작 예수 믿더니만 나가서 죽어?' 이런 소릴 하지 않겠습니까? 하나님께서는 왜 하필 저에게만 이런 어려움과 아픔을 주십니까? 해도 해도 너무 하신 것 아니십니까? 어머니는 얼굴조차 기억 못할 때 하늘나라로 데려 가셨지요. 그리고 겨우 걸음마를 배우기 시작할 때 소아마비에 걸리게 하여 평생을 불구자로 살게 하셨지요. 그것도 모자라 말까지 어눌하죠. 그래도 잘 먹고 잘사는 나를 독립할 힘조차 없을 때 당신을 따르게 하고는 아버지와 집안의 핍박을 받게 하셨지요. 결국은 당신만을 예배하겠다고 집을 떠나게 하셨으면 까마귀를 통해서라도 먹을 것을 주셨어야죠. 라면 2끼는 고사하고 잠잘 곳이 없어서 독서실에서 청소해 주고 책상에서 엎드려서 잔 것이 3년이 넘었습니다. 이제야 겨우 몸 하나 누울 쪽방을 주시고는 이 쪽방에서 죽게 합니까?"
난 그때 서러움에 못 이겼던지 '펑펑' 울면서 기도를 드리고 난 뒤 내 생애 첫 번째 유언장을 써 나갔다.

삶의 열매를 거두며

우리 주변을 돌아보자. 좋은 믿음을 가진 형제임에도 불구하고 욥처럼 원망과 절망과 탄식을 쏟아 놓으며 몸부림치는 자들이 한둘이 아니다. 어떻게 하면 그들에게 도움을 줄 수 있겠는가?

Lesson 10

냉엄한 율법주의자, 빌닷

욥기 8:1-22

1 수아 사람 빌닷이 대답하여 이르되 2 네가 어느 때까지 이런 말을 하겠으며 어느
때까지 네 입의 말이 거센 바람과 같겠는가 3 하나님이 어찌 정의를 굽게 하시겠으
며 전능하신 이가 어찌 공의를 굽게 하시겠는가 4 네 자녀들이 주께 죄를 지었으므
로 주께서 그들을 그 죄에 버려두셨나니 5 네가 만일 하나님을 찾으며 전능하신 이
에게 간구하고 6 또 청결하고 정직하면 반드시 너를 돌보시고 네 의로운 처소를 평
안하게 하실 것이라 7 네 시작은 미약하였으나 네 나중은 심히 창대하리라 8 청하건
대 너는 옛 시대 사람에게 물으며 조상들이 터득한 일을 배울지어다 9 (우리는 어제
부터 있었을 뿐이라 우리는 아는 것이 없으며 세상에 있는 날이 그림자와 같으니라)
10 그들이 네게 가르쳐 이르지 아니하겠느냐 그 마음에서 나오는 말을 하지 아니하
겠느냐 11 왕골이 진펄 아닌 데서 크게 자라겠으며 갈대가 물 없는 데서 크게 자라겠
느냐 12 이런 것은 새 순이 돋아 아직 뜯을 때가 되기 전에 다른 풀보다 일찍이 마르
느니라 13 하나님을 잊어버리는 자의 길은 다 이와 같고 저속한 자의 희망은 무너지
리니 14 그가 믿는 것이 끊어지고 그가 의지하는 것이 거미줄 같은즉 15 그 집을 의지
할지라도 집이 서지 못하고 굳게 붙잡아 주어도 집이 보존되지 못하리라 16 그는 햇
빛을 받고 물이 올라 그 가지가 동산에 뻗으며 17 그 뿌리가 돌무더기에 서리어서 돌
가운데로 들어갔을지라도 18 그 곳에서 뽑히면 그 자리도 모르는 체하고 이르기를

내가 너를 보지 못하였다 하리니 19 그 길의 기쁨은 이와 같고 그 후에 다른 것이 흙
에서 나리라 20 하나님은 순전한 사람을 버리지 아니하시고 악한 자를 붙들어 주지
아니하시므로 21 웃음을 네 입에, 즐거운 소리를 네 입술에 채우시리니 22 너를 미워
하는 자는 부끄러움을 당할 것이라 악인의 장막은 없어지리라

마음의 문을 열며

빌닷은 욥을 위로하기 위해 먼 길을 달려 온 친구 중 하나였다. 연장자인 엘리바스의 말이 끝나자마자 그는 기다렸다는 듯이 입을 열었다. 그는 8장뿐만 아니라 18장과 25장에서도 계속해서 욥과 논쟁하는 것을 볼 수 있다. 엘리바스에 비해 그는 영적으로나 지적으로나 수준이 낮은 인물임에 틀림없다. 그럼에도 그는 훨씬 더 과격하고 독선적인 말을 서슴지 않았다. 그런데 우리는 그의 말을 통해서도 지혜를 얻을 수 있다. 지혜는 지혜자에게서만 얻는 것이 아니라, 놀랍게도 어리석은 자를 통해서도 얻게 된다.

말씀의 씨를 뿌리며

1 빌닷이라는 친구는 떼죽음을 당한 욥의 자녀들에 대해 어떤 결론을 내리고 있는가? 그가 그런 결론을 내리게 된 근거는 무엇인가?(3-4절)

2 만일 당신이 욥의 처지였다면 빌닷의 말을 듣고 어떤 반응을 보였을 것 같은가?

3 빌닷은 매우 냉엄한 율법주의자인 것 같다. 당신도 다른 사람들이 당하는 고통을 보면서 '이는 이로, 눈은 눈으로' 라는 율법주의의 안경을 쓰고 함부로 말한 경우는 없는가?(참고 / 요 9:1-2)

4 빌닷은 판단의 근거를 어디에 두고 있는가?(8-10절)

5 우리도 '옛날 사람들의 말 중에 틀린 것 봤냐?' 고 하면서 오랜 전통을 통해 전해진 법이나 가치관을 높게 평가할 때가 있다. 몇 가지 예를 들어 보라.

6 한 가지 분명한 사실을 기억해야 한다. 빌닷의 말이 모두 다 틀린 것은 아니었다. 다음 구절들을 검토해 보라(3, 5-7, 20절).

7 그럼에도 불구하고 빌닷의 말이 문제가 되는 이유는 무엇인가? 다음 구절을 읽고 대답해 보라.

- 잠언 25:20/

- 전도서 5:2/

- 전도서 7:15/

8 빌닷의 말 가운데 많은 사람들이 애송하는 구절이 있다. 특별히 새로운 일을 시작할 때 즐겨 인용하는 말이다. 사람들이 이 구절을 특별히 좋아하는 이유는 무엇이라고 생각하는가?(7절)

9 하나님 앞에서 사람은 절대로 의로울 수 없다는 점을 빌닷은 너무나 실감나게 묘사하고 있다. 당신은 그의 말에 얼마나 공감하고 있는가?(참고 / 25:4-6)

삶의 열매를 거두며

하나님 앞에서는 구더기 같은 존재임에도 불구하고 우리는 서로를 불쌍히 여기지 못하고 빌닷처럼 다른 사람들을 정죄하여 정신적인 학대를 가할 때가 많다. 다음의 글을 읽고 각자 느낀 바를 나누고 함께 기도하도록 하자.

창녀 하나가 나를 찾아 왔네. 집도 없고 몸도 병든 데다 찢어지게 가난해서 두 살 먹은 딸 아이 하나 먹여 살릴 수 없는 처지였지. 울먹이며 하는 이야기가 자기 딸을 변태 섹스를 밝히는 남자들한테 돈을 받고 팔아왔다는 거야. 딸의 몸을 한 시간만 팔면 자기가 하룻밤 버는 것보다 수입이 좋다나. 마약 먹을 돈을 대려면 어쩔 수 없다더군. 차마 듣기에도 끔찍한 이야기였네. 일단 내게는 법적인 책임이 생겼지. 아동 학대 사례는 무조건 신고하도록 돼 있으니까. 그 여자에게 무엇이라고 말해야 할지 모르겠더군. 교회에 가서 도움 받아 볼 생각은 안 해 봤냐고 겨우 물어봤지. 그때 그녀의 얼굴에 스쳐간 표정을 평생 못 잊을 걸세. "교회요! 거긴 뭐 하러 가요? 그렇잖아도 비참해 죽겠는데, 가면 그 사람들 때문에 더 비참해질 거예요."

나는 이런 친구의 말을 듣는 중 퍼뜩 이런 생각이 떠올랐다. 이 창녀와 다를 바 없었던 여자들이 예수님을 찾아왔었다. 그들은 피해 달아나지 않았다. 자신이 비참할수록 예수님을 피난처로 삼았던 것이다. 교회는 이 은사를 잃어버린 것일까? 분명한 것은 예수님이 살아 계실 당시 그분께 모여든 밑바닥 인생들이 지금 그분의 제자들인 오늘의 성도들에게는 더 이상 환영받지 못하고 있다는 것이다. 어찌된 일일까?

Lesson 11

사람이 의로운들 얼마나?

욥기 9:1-35

1 욥이 대답하여 이르되 2 진실로 내가 이 일이 그런 줄을 알거니와 인생이 어찌 하
나님 앞에 의로우랴 3 사람이 하나님께 변론하기를 좋아할지라도 천 마디에 한 마디
도 대답하지 못하리라 4 그는 마음이 지혜로우시고 힘이 강하시니 그를 거슬러 스스
로 완악하게 행하고도 형통할 자가 누구이랴 5 그가 진노하심으로 산을 무너뜨리시
며 옮기실지라도 산이 깨닫지 못하며 6 그가 땅을 그 자리에서 움직이시니 그 기둥
들이 흔들리도다 7 그가 해를 명령하여 뜨지 못하게 하시며 별들을 가두시도다 8 그
가 홀로 하늘을 펴시며 바다 물결을 밟으시며 9 북두성과 삼성과 묘성과 남방의 밀
실을 만드셨으며 10 측량할 수 없는 큰 일을, 셀 수 없는 기이한 일을 행하시느니라
11 그가 내 앞으로 지나시나 내가 보지 못하며 그가 내 앞에서 움직이시나 내가 깨닫
지 못하느니라 12 하나님이 빼앗으시면 누가 막을 수 있으며 무엇을 하시나이까 하
고 누가 물을 수 있으랴 13 하나님이 진노를 돌이키지 아니하시나니 라합을 돕는 자
들이 그 밑에 굴복하겠거든 14 하물며 내가 감히 대답하겠으며 그 앞에서 무슨 말을
택하랴 15 가령 내가 의로울지라도 대답하지 못하겠고 나를 심판하실 그에게 간구할
뿐이며 16 가령 내가 그를 부르므로 그가 내게 대답하셨을지라도 내 음성을 들으셨
다고는 내가 믿지 아니하리라 17 그가 폭풍으로 나를 치시고 까닭 없이 내 상처를 깊
게 하시며 18 나를 숨 쉬지 못하게 하시며 괴로움을 내게 채우시는구나 19 힘으로 말

하면 그가 강하시고 심판으로 말하면 누가 그를 소환하겠느냐 20 가령 내가 의로울
지라도 내 입이 나를 정죄하리니 가령 내가 온전할지라도 나를 정죄하시리라 21 나
는 온전하다마는 내가 나를 돌아보지 아니하고 내 생명을 천히 여기는구나 22 일이
다 같은 것이라 그러므로 나는 말하기를 하나님이 온전한 자나 악한 자나 멸망시키
신다 하나니 23 갑자기 재난이 닥쳐 죽을지라도 무죄한 자의 절망도 그가 비웃으시
리라 24 세상이 악인의 손에 넘어갔고 재판관의 얼굴도 가려졌나니 그렇게 되게 한
이가 그가 아니시면 누구냐 25 나의 날이 경주자보다 빨리 사라져 버리니 복을 볼 수
없구나 26 그 지나가는 것이 빠른 배 같고 먹이에 날아 내리는 독수리와도 같구나
27 가령 내가 말하기를 내 불평을 잊고 얼굴 빛을 고쳐 즐거운 모양을 하자 할지라도
28 내 모든 고통을 두려워하오니 주께서 나를 죄 없다고 여기지 않으실 줄을 아나이
다 29 내가 정죄하심을 당할진대 어찌 헛되이 수고하리이까 30 내가 눈 녹은 물로 몸
을 씻고 잿물로 손을 깨끗하게 할지라도 31 주께서 나를 개천에 빠지게 하시리니 내
옷이라도 나를 싫어하리이다 32 하나님은 나처럼 사람이 아니신즉 내가 그에게 대답
할 수 없으며 함께 들어가 재판을 할 수도 없고 33 우리 사이에 손을 얹을 판결자도
없구나 34 주께서 그의 막대기를 내게서 떠나게 하시고 그의 위엄이 나를 두렵게 하
지 아니하시기를 원하노라 35 그리하시면 내가 두려움 없이 말하리라 나는 본래 그
렇게 할 수 있는 자가 아니니라

마음의 문을 열며

아픈 곳을 바늘로 콕콕 찌르는 듯한 말로 퍼붓는 것을 끝까지 참으며 들을 사람은 없다. 욥에게 있어서 빌닷의 말은 독설이나 다름이 없었다. 그래서 욥은 자기의 불편한 심정을 길게 늘어놓았다. 누구나 감정이 격해지면 말이 많아지기 마련이다. 억울한 말을 계속해서 들어야 하는 사람처럼 불쌍한 자가 또 있겠는가? 비록 억울하고 분해서 한 말들이지만, 욥의 말을 통해 심오한 진리를 교훈하시는 하나님의 음성을 들을 수 있어야 한다.

말씀의 씨를 뿌리며

1 빌닷의 주장에 욥은 어떻게 대답하였는가?(9:2, 참고 / 8:3)

2 욥의 대답에는 어떤 감정이 담겨 있는가? 다음 구절들에 공통으로 나타나는 표현을 통해 확인해 보라(15, 20절, 10:15절).

3 교회 안에서도 종종 매우 교만한 소리를 듣게 된다. "그 사람 형편을 보니 하나님이 치신 것이 틀림없어. 사람은 속여도 하나님은 못 속이지"라는 말이다. 사람이 의로우면 얼마나 의로울 수 있는가? 하나님이 요구하시는 의로움에 만족을 드릴 자가 과연 어디 있는가? 그럼에도 누구는 죄가 있어서 벌을 받고 자기는 의로워서 불행한 일이 찾아오지 않는 것처럼 말할 수는 없다. 이런 말은 빌닷처럼 하나님 앞에서 자신의 의로움이란 것이 얼마나 하찮은 것인지를 잘 모르는 자들이나 하는 소리다. 이 점에 대해 각자의 생각을 말해 보라.

4 4-10절의 말씀을 읽고 하나님의 지혜와 능력에 대해 말해 보라.

5 욥은 하나님이 얼마나 지혜로우시고 능력이 많은지를 잘 알고 있었다. 하지만 그의 마음은 점점 더 공허해지기만 했다. 무엇으로도 메울 수 없는 거리감을 느꼈던 것이다. 11절을 보라(참고 / 시 22:1).

6 두 번째로 느낀 욥의 감정은 죄책감으로 인한 두려움이었다. 19-20절을 보라(참고 / 사 6: 1-5).

7 어느 때 당신은 하나님과의 거리감이나 죄책감을 느끼게 되는가? 그리고 이런 경우 당신은 그 감정을 어떻게 처리하는가?

8 13절에는 라합이라는 이름이 나온다. 이것은 고대 사회에서 사람들이 미신처럼 믿고 있었던 바다 속 괴물이었다. 성경에서 그 이름을 언급하는 것은 그 괴물의 존재를 사실로 인정해서가 아니라 하나님의 강하심을 증거하기 위해 사람들이 공포의 대상으로 여기고 있는 것 중 하나를 예로 든 것이다. 지금도 미신처럼 무턱대고 믿고 있는 것들이 많다. 예를 들어 보라(참고 / 욥 26:12; 요 5:4).

9 욥은 하나님이 너무 크시고 지혜로우시고 강하시니까 자기가 직접 상대할 수 없다는 사실을 느끼면서 둘 사이에 어떤 중보자가 있었으면 좋겠다는 바람을 은근히 내비치고 있다. 33-34절을 보라(참고 / 시 106:23).

삶의 열매를 거두며

우리는 참으로 큰 복을 받은 사람들이다. 왜냐하면 믿음만 있으면 하나님을 두고 욥처럼 거리감을 느낀다거나 두려워서 떨거나 할 필요가 없기 때문이다. 다음의 말씀을 묵상하고 각자 느낀 바를 나누어 보라(참고 / 롬 8:14-15, 31-34).

Lesson 12

종교적 독선주의자, 소발

욥기 11:1-20

1 나아마 사람 소발이 대답하여 이르되 2 말이 많으니 어찌 대답이 없으랴 말이 많은
사람이 어찌 의롭다 함을 얻겠느냐 3 네 자랑하는 말이 어떻게 사람으로 잠잠하게
하겠으며 네가 비웃으면 어찌 너를 부끄럽게 할 사람이 없겠느냐 4 네 말에 의하면
내 도는 정결하고 나는 주께서 보시기에 깨끗하다 하는구나 5 하나님은 말씀을 내시
며 너를 향하여 입을 여시고 6 지혜의 오묘함으로 네게 보이시기를 원하노니 이는
그의 지식이 광대하심이라 하나님께서 너로 하여금 너의 죄를 잊게 하여 주셨음을
알라 7 네가 하나님의 오묘함을 어찌 능히 측량하며 전능자를 어찌 능히 완전히 알
겠느냐 8 하늘보다 높으시니 네가 무엇을 하겠으며 스올보다 깊으시니 네가 어찌 알
겠느냐 9 그의 크심은 땅보다 길고 바다보다 넓으니라 10 하나님이 두루 다니시며 사
람을 잡아 가두시고 재판을 여시면 누가 능히 막을소냐 11 하나님은 허망한 사람을
아시나니 악한 일은 상관하지 않으시는 듯하나 다 보시느니라 12 허망한 사람은 지
각이 없나니 그의 출생함이 들나귀 새끼 같으니라 13 만일 네가 마음을 바로 정하고
주를 향하여 손을 들 때에 14 네 손에 죄악이 있거든 멀리 버리라 불의가 네 장막에
있지 못하게 하라 15 그리하면 네가 반드시 흠 없는 얼굴을 들게 되고 굳게 서서 두
려움이 없으리니 16 곧 네 환난을 잊을 것이라 네가 기억할지라도 물이 흘러감 같을
것이며 17 네 생명의 날이 대낮보다 밝으리니 어둠이 있다 할지라도 아침과 같이 될

것이요 18 네가 희망이 있으므로 안전할 것이며 두루 살펴보고 평안히 쉬리라 19 네
가 누워도 두렵게 할 자가 없겠고 많은 사람이 네게 은혜를 구하리라 20 그러나 악한
자들은 눈이 어두워서 도망할 곳을 찾지 못하리니 그들의 희망은 숨을 거두는 것이
니라

마음의 문을 열며

욥을 위로하기 위해 먼 길을 달려온 세 친구 가운데 소발은 영적 분별력이나 지혜나 인격에 있어서 가장 뒤떨어지는 사람이었다. 11장과 20장에서 그는 자기의 생각을 이야기하고 있는데 그의 말을 들으면 다분히 감정적이고 편견에 사로잡혀 있다는 것을 쉽게 알 수 있다. 그런데 그는 이러저러한 부족함에도 불구하고 자신의 주장을 절대 진리처럼 확신하고 있는 것을 볼 수 있다. 우리는 특히 이런 인품의 사람을 경계해야 한다. 이러한 사람은 칼로 먼저 찌르고 그 다음에 생각하는 유형의 사람이다. 욥이 그의 말을 들으면서 분을 참지 못한 이유를 충분히 이해할 수 있다.

말씀의 씨를 뿌리며

1 소발은 욥의 처지와 고통을 이해하려 하지 않았다. 욥의 말과 행동을 보면서 기분이 상해 있던 그는 결국 욥을 향해 무섭게 쏘아대기 시작했다. 다음의 구절을 통해 확인해 보라(1-3절).

2 고통을 당하고 있는 자를 만났을 때 처음부터 감정적으로 시비를 거는 경우가 있다. 이런 때 어떤 일이 일어날 것이라고 생각하는가?(참고 / 욥 13:13; 잠 15:1)

3 소발이 주장하는 요점은 무엇인가?(6절)

4 소발은 다분히 종교적 독선주의자의 냄새를 피우고 있다. 그는 엘리바스처럼 합리적인 논증을 펴지도 않았다. 빌닷처럼 전통적인 지식을 근거로 자기주장을 하는 것도 아니다. 단지 막연한 추측으로 속단하고 있다. "너는 알라" 하고 소리치는 그의 말을 음미해 보라. 자기가 확신하고 있는 몇 개의 교리적 주장과 흑백논리로 사람을 잡으려는 것 같지 않은가? 가끔 잘 믿는다고 하는 사람들 가운데서 이와 비슷한 독선에 빠진 경우를 볼 수 있다. 혹여 당신이 그런 사람이라고 생각되지는 않는가?

5 소발은 마치 자기가 하나님에 대해 모든 것을 알고 있는 사람처럼 말하고 있다. 7-8절을 보라. 이런 사람은 하나님을 알면 알수록 더 해를 끼칠 수 있다고 생각되지 않는가?

6 우리는 항상 겸손해야 한다. 특히 하나님에 관해 모든 것을 다 아는 것처럼 생각하면 안 된다. 그리고 다른 사람을 멸시해서는 안 된다. 성경은 하나님이 누구시며 그분의 선하신 뜻이 무엇인지를 가르치고 있지만 아무리 배우고 깨달아도 부분적으로 아는 데 지나지 않는다. 다음의 말씀을 묵상하고 나누어 보라.

- 전도서 8장 17절/

- 고린도전서 13장 8-10절/

7 소발의 말 가운데도 우리가 귀담아 들어야 할 진리들이 숨어 있다. 11절을 보라. 무엇을 교훈하고 있는가?(참고 / 전 5:8; 렘 17:10-11; 요 2:24-25)

8 현실 앞에 서면 답답할 때가 많다. 경우에 따라서는 우리의 믿음이 흔들리기도 한다. 도저히 눈 뜨고는 볼 수 없는 세상의 악들을 하나님이 방치하시는 것처럼 생각되기 때문이다. 그러나 우리에게 소망을 안겨주는 말씀이 있다. 11절을 읽고 각자의 생각을 나누어 보라(참고 / 욥 20:4-7; 시 1:4-6).

9 진정한 회개를 하려면 어떻게 해야 하는가? 또한 회개한 사람은 어떤 은혜를 누리게 되는가?(13-19절)

삶의 열매를 거두며

고통당하는 사람을 보고 소발처럼 무조건 회개하라고 다그쳐서는 안 된다. 설혹 그가 범죄했다 할지라도 그것은 자신이 하나님 앞에서 해결할 문제인 것이다. 회개는 남을 위한 것이 아니다. 자기 자신의 문제다. 남의 눈의 들보를 보는 것이 회개가 아니라 우리 눈의 티를 보고 닦아 내는 것이 참 회개다. 당신은 날마다 '손에 있는 죄'를 멀리 버리는 회개를 하면서 신앙생활을 하고 있는가?

Lesson 13

주의 손을 내게 대지 마옵소서

욥기 13:20-28(12-14**장**)

20 오직 내게 이 두 가지 일을 행하지 마옵소서 그리하시면 내가 주의 얼굴을 피하여
숨지 아니하오리니 21 곧 주의 손을 내게 대지 마시오며 주의 위엄으로 나를 두렵게
하지 마실 것이니이다 22 그리하시고 주는 나를 부르소서 내가 대답하리이다 혹 내
가 말씀하게 하옵시고 주는 내게 대답하옵소서 23 나의 죄악이 얼마나 많으니이까
나의 허물과 죄를 내게 알게 하옵소서 24 주께서 어찌하여 얼굴을 가리시고 나를 주
의 원수로 여기시나이까 25 주께서 어찌하여 날리는 낙엽을 놀라게 하시며 마른 검
불을 뒤쫓으시나이까 26 주께서 나를 대적하사 괴로운 일들을 기록하시며 내가 젊었
을 때에 지은 죄를 내가 받게 하시오며 27 내 발을 차꼬에 채우시며 나의 모든 길을
살피사 내 발자취를 점검하시나이다 28 나는 썩은 물건의 낡아짐 같으며 좀 먹은 의
복 같으니이다

마음의 문을 열며

이유를 알 수 없는 너무나 원통한 고통을 끌어안고 밤낮 없이 번민하고 있던 욥은 영적으로나 인간적으로 너무도 외로웠다. 영적으로는 하나님으로부터 버림을 받았고, 인간적으로는 친구들 가운데 아무도 자기의 심정을 이해하여 주는 자가 없었다. 가끔 신실한 믿음의 사람들이 욥이 걸었던 사망의 음침한 골짜기를 지나가야 할 때가 있다. 이 시간 소발의 억지 같은 주장에 대한 욥의 대답을 통해 소중한 진리를 배우도록 하자.

말씀의 씨를 뿌리며

1 소발의 말에 몹시 불쾌해진 욥은 자신의 감정을 추스르지 못하고 대답하는 것을 볼 수 있다(12:1-3, 참고 / 13: 1-5, 13).

2 다른 사람들이 보기에 부끄러울 정도의 불행을 당하면 누구나 마음이 약해지게 된다. 그러면 별스럽지도 않은 말에 쉽게 서러움도 느끼고 상처도 받는다. 욥의 감정이 폭발한 것은 이상한 일이 아니다. 고통으로 인해 약해 있을 때 당신에게 상처를 주었던 말들이 생각나면 이야기해 보자. 그리고 지금 당신이 다른 약한 형제들을 이런저런 말로 상처를 주고 있지 않은지 돌아보자.

3 사람은 자기 믿음이 흔들리고 소망이 보이지 않으면 자기도 모르게 자조(自嘲)하고 자학(自虐)하게 된다. 욥의 경우도 예외가 아니었다. 12장 4-6절을 읽으면서 이런 흔적을 찾아보자.

4 하나님의 지혜와 권능은 참으로 위대하다. 12장 13-14절은 그가 헐으신 즉 다시 세울 수 없고 사람을 가두신 즉 놓아 주지 못한다고 한다. 15절 이하에서는 17가지 이상의 구체적인 사례를 통해 하나님의 지혜와 능력에 대해 이야기하고 있다. 그 내용을 읽고 하나님의 지혜와 권능을 가장 실감나게 보여 주는 사례가 무엇인지 지적해 보라. 그리고 자신의 느낌을 말해 보자.

5 욥이 끝까지 잃지 않은 믿음은 무엇이었는가?(13:18-19)

6 다른 사람들이 보기에 어떤 죄를 지어 천벌을 받는 것처럼 보일 때, 자기의 의를 확신할 정도의 사람이라면 참으로 대단한 사람이다. 욥이 바로 그런 인물이었다. 그에게서 우리가 배워야 할 것은 무엇인가?(참고 / 욥 6:10, 7:21, 9:20, 10:2, 15, 13:26; 롬 14:22)

7 욥이 하나님께 요청한 두 가지는 무엇인가? 그리고 왜 이런 소원을 드렸을지 생각해 보라(참고 / 욥 5:18, 10:8, 37:22; 렘 17:17; 대상 16:27).

8 만일 욥이 우리처럼 예수 그리스도의 복음을 알았다면 이렇게 간청할 수 있었을지 생각해 보자(참고 / 롬 8:14-15; 갈 4:6).

9 우리는 하나님의 자녀가 되었지만 하나님이 몹시 두려울 때가 있다. 우리는 이 두려움을 영적으로 선용할 수도 있고 담대하게 극복할 수도 있다. 다음의 구절들을 묵상하고 나누어 보라.

- 마태복음 10:28 (참고 / 시 31:19)

- 에베소서 3:12 (참고 / 요일 5:14)

삶의 열매를 거두며

하나님을 향한 두려움을 선용하거나 극복했던 경우가 있었는가? 그때 당신이 받은 은혜를 나누어 보라.

Lesson 14

나의 증인, 나의 중보자는 어디에?

욥기 16:18-22(15-17**장**)

18 땅아 내 피를 가리지 말라 나의 부르짖음이 쉴 자리를 잡지 못하게 하라 19 지금
나의 증인이 하늘에 계시고 나의 중보자가 높은 데 계시니라 20 나의 친구는 나를 조
롱하고 내 눈은 하나님을 향하여 눈물을 흘리니 21 사람과 하나님 사이에와 인자와
그 이웃 사이에 중재하시기를 원하노니 22 수년이 지나면 나는 돌아오지 못할 길로
갈 것임이니라

마음의 문을 열며

엘리바스가 다시 등장한다. 그리고 다른 두 친구도 가세해 욥을 몰아붙인다. '마땅히 벌 받아 죽어야 할 인간' 이라는 주장을 인정할 때까지 욥을 추궁하고 있다. 마치 겨우 숨이 남아 있는 짐승의 목을 힘껏 조르는 것 같다. 인간은 정말 잔인한 구석이 있다. 더욱이 욥의 세 친구들처럼 하나님의 공의와 거룩을 장황하게 늘어놓으면서 이토록 잔인할 수 있다는 데 놀라지 않을 수 없다.
이 시간에는 엘리바스와 욥의 대화 가운데 중요한 몇 대목들을 살펴보면서 은혜를 나누고자 한다.

말씀의 씨를 뿌리며

1 엘리바스의 첫 번째 말과 두 번째 말을 비교해 보라. 내용과 감정의 변화가 있다. 그 차이점을 찾아보라(15: 5-6, 참고 / 욥 4:5-7).

2 엘리바스의 말을 들으면서 욥은 속으로 '해도 너무 한다'는 생각을 했던 것 같다. 자기 형편을 이해하지 못하는 입장에서 심한 말을 할 수도 있지만, 그래도 친구라면 좋은 말로 격려하고 따뜻하게 위로해 줄 것을 기대했던 것 같다. 그러나 안타깝게도 엘리바스는 그렇게 하지 않았다. 16장 4-5절을 살펴보라. 욥이 바라고 있었던 것이 무엇인지 확인할 수 있다.

3 16장 19-20절의 내용을 쉬운 말로 바꾸어 보라.

4 친구에게 철저하게 실망하게 되자 욥은 자기를 변호해 줄 누군가를 찾았다. 자기의 원통함을 하나님께 대신 하소연해 줄 중보자를 찾는 것이다. 그런데 욥이 이렇게 자기 스스로 하나님을 찾지 않고 중보자를 구하는 이유는 무엇인가?(16: 8-9, 12-14, 참고 / 욥 9:11, 23:8-9)

5 우리는 욥처럼 고민할 필요가 전혀 없다. 그 이유는 무엇인가?

- 히브리서 4장 14-16절/

- 요한일서 2장 1-2절/

6 우리는 이미 예수님이 우리의 중보자 되심을 알고 있다. 그러나 실제로 이 중보자를 간절히 찾는 사람은 그리 많지 않다. 이것은 굉장히 큰 손해가 아닐 수 없다. 고난 중에 중보자 되신 예수님을 찾기 위한 구체적이고 실제적인 방안은 무엇이라고 생각하는가?(참고 / 마 11:28-29; 시 119:105; 요 16:23-24).

7 근심과 불안이 떠나지 않을 때 아무 말도 없이 침묵한다는 것은 쉽지 결코 않다. 욥도 다를 바가 없었다. 그는 무슨 말을 하고 있는가?(16:6)

8 가슴이 답답해서 주책없이 말을 늘어놓는 사람을 만나 본 일이 있는가? 있다면 그때 그 사람이 어떤 형편에 있었는지 말해 보라. 그리고 그를 대하는 당신의 마음가짐이 어떠했는지 솔직히 이야기해 보자.

9 역경을 만날 때 그 원인을 하나님께 돌리는 것이 옳다고 생각하는가? 욥은 17장 6절에서 자기 고통의 책임을 하나님께 돌리고 있다. 이런 태도는 옳을 때도 있고 틀릴 때도 있다. 언제 옳고 언제 틀리다고 생각하는가?(참고 / 욥 27:2; 삼하 16:9-12)

삶의 열매를 거두며

일반적으로 사람들은 어떤 특정한 상황을 만나면 비슷한 반응을 반복하는 경향이 있다. 당신이 고통을 당할 때 그 원인을 어디서 찾는지 스스로의 모습을 돌아보자. 그런 당신의 행동이 옳다고 생각하는가?

Lesson 15

악인이라고 다 망하던가?

욥기 21:7-16(18-21장)

7 어찌하여 악인이 생존하고 장수하며 세력이 강하냐 8 그들의 후손이 앞에서 그들
과 함께 굳게 서고 자손이 그들의 목전에서 그러하구나 9 그들의 집이 평안하여 두
려움이 없고 하나님의 매가 그들 위에 임하지 아니하며 10 그들의 수소는 새끼를 배
고 그들의 암소는 낙태하는 일이 없이 새끼를 낳는구나 11 그들은 아이들을 양 떼 같
이 내보내고 그들의 자녀들은 춤추는구나 12 그들은 소고와 수금으로 노래하고 피리
불어 즐기며 13 그들의 날을 행복하게 지내다가 잠깐 사이에 스올에 내려가느니라
14 그러할지라도 그들은 하나님께 말하기를 우리를 떠나소서 우리가 주의 도리 알기
를 바라지 아니하나이다 15 전능자가 누구이기에 우리가 섬기며 우리가 그에게 기도
한들 무슨 소용이 있으랴 하는구나 16 그러나 그들의 행복이 그들의 손 안에 있지 아
니하니 악인의 계획은 나에게서 멀구나

마음의 문을 열며

빌닷과 소발은 다시 등장하여 욥과 열띤 논쟁을 펼친다. 이들은 이전보다 더욱 과격한 방향으로 자신들의 주장을 몰고 간다. 악인은 예외 없이 그리고 반드시 하나님의 저주와 심판을 받게 되어 있는데, 욥이 불행해진 것도 욥이 악인이기 때문이라는 것이다. 욥에게 이것은 매우 힘겨운 싸움이었다. 다른 사람들이 보기에 저주 받은 모습을 한 채 자신이 그런 악인이 아니라고 시종일관 주장한다는 것은 절대 쉬운 일이 아니었다. 그래서 욥은 현실론을 펴고 있다. "현실을 봐라. 악인이라고 다 망하더냐?" 라고 응수하고 있는 것이다. 하나님의 공의가 과연 살아 있는지, 악인이 반드시 심판을 받고 있는지를 의심할 만한 일들이 세상에 너무 많은데 어찌 악인이 반드시 망한다는 소리를 할 수 있느냐는 것이다. 우리가 욥의 말에 쉽게 공감하는 이유는 무엇인가?

말씀의 씨를 뿌리며

1 빌닷은 18장에서 악인이 어떻게 망하는지를 길게 나열한 다음, 21절에서 결론을 맺고 있다. 이 말을 통해 빌닷이 욥에게 주고자 하는 메시지는 무엇인가?

2 사람은 본능적으로 실세(實勢)를 좋아한다는 말이 있다. 그 권세가 하늘의 새를 떨어뜨릴 만큼 대단한 사람이라도 일단 권좌에서 내려오면 사람들이 그를 냉대하는 것이 현실이다. 욥도 동일하게 현실의 냉엄함을 뼈저리게 맛보고 있었다. 19장 13-19절을 보라.

3 당신은 이런 비정한 현실을 맛본 일이 있는가? 그때 마음에서 떠나지 않던 생각은 어떤 것이었는가?

4 사람들로부터 철저히 버림당하자 욥은 자연스럽게 눈을 들어 하늘을 바라보았다. 19장 24-27절은 많이 애송되는 구절이다. 이 구절에 담겨 있는 욥의 신앙 고백은 무엇인가?

5 우리는 사람들로부터 버림받고 하나님을 찾고 있는 욥을 보면서 시편 저자의 고백을 떠올리게 된다. 다음의 말씀을 묵상하고 나누어 보라.

- 시편 28편 7-8절/

- 시편 34편 18-20절/

6 20장에 나타난 소발의 말을 보면 빌닷의 말과 너무도 동일하다. 29절을 결론으로 볼 수 있는데, 이 말은 욥을 향해 간접적으로 '네가 바로 그런 놈이야' 라고 정죄하는 것이나 다름없다. 그의 주장을 반박하기 위해 욥은 현실론을 펴고 있다. 현실을 보면 악인이 반드시 망한다는 주장은 사실일 수 없다는 것이다. 21장 7-16절의 내용을 읽고 당신이 공감할 수 있는 부분들을 지적해 보라.

7 욥이 볼 때 세상에는 의인보다 복을 더 많이 받은 악인들이 참 많다. 하나님은 그의 친구들의 주장처럼 악인들을 즉시 저주하지 않고 계신 것이 분명하다. 그렇다면 친구들의 주장에는 문제가 있다. 이 문제에 대해 욥은 어떤 말을 하고 있는가? 21장 17-20절, 23-24절을 보라.

8 우리 주변을 돌아보면 욥의 주장을 뒷받침할 수 있는 사례들이 많이 있다. 몇 가지 예를 들어 보라.

9 당신은 현실이 안고 있는 이런 도덕적 모순, 즉 의인이 고통당하고 악인이 형통하는 것을 볼 때마다 어떤 생각을 하는가? 하나님에 대한 믿음이 흔들리지 않는가?

삶의 열매를 거두며

다음의 말씀을 묵상하고 나누어 보라. 그리하여 말씀의 빛이 우리 마음을 덮고 있는 혼란과 불신의 구름을 흩어버리도록 하자.

- 전도서 8장 17절 (참고 / 전 5:8)/

- 로마서 9장 22절/

Lesson 16

그가 나를 연단하신 후에

욥기 23:10-17(22-24장)

10 그러나 내가 가는 길을 그가 아시나니 그가 나를 단련하신 후에는 내가 순금 같이
되어 나오리라 11 내 발이 그의 걸음을 바로 따랐으며 내가 그의 길을 지켜 치우치지
아니하였고 12 내가 그의 입술의 명령을 어기지 아니하고 정한 음식보다 그의 입의
말씀을 귀히 여겼도다 13 그는 뜻이 일정하시니 누가 능히 돌이키랴 그의 마음에 하
고자 하시는 것이면 그것을 행하시나니 14 그런즉 내게 작정하신 것을 이루실 것이
라 이런 일이 그에게 많이 있느니라 15 그러므로 내가 그 앞에서 떨며 지각을 얻어
그를 두려워하리라 16 하나님이 나의 마음을 약하게 하시며 전능자가 나를 두렵게
하셨나니 17 이는 내가 두려워하는 것이 어둠 때문이나 흑암이 내 얼굴을 가렸기 때
문이 아니로다

마음의 문을 열며

세 번째로 등장한 엘리바스는 흥분해서 이성을 잃은 사람처럼 보인다. 마치 자신이 하나님이나 된 것처럼 욥의 죄를 구체적으로 열거하면서 정죄하고 있다. 그렇게 점잖고 신중하고 영성과 지성을 골고루 갖춘 것처럼 보였던 그가 이렇게 변할 수 있다는 것은 놀라운 일이 아닐 수 없다. 사람이 선하고, 교양 있고, 은혜 받았다는 것이 그다지 믿을 만한 것이 못 된다는 사실을 잘 보여 주는 예가 아닌가 생각한다. 약자 앞에서 잔인해지기 쉬운 우리 모두의 부패한 성품을 다시 한 번 인정하면서 진리의 보좌 앞으로 나아가는 시간이 되기를 바란다.

말씀의 씨를 뿌리며

1 엘리바스는 욥의 죄악이 크다는 것을 전제한 다음, 그것을 입증하기 위해 몇 가지 사례를 들고 있다. 그의 주장을 보면서 당신의 느낌을 이야기해 보라(22:5-9).

2 비록 엘리바스가 욥에게 정당하게 말하지 못하였을지라도 그의 주장에는 종종 불변의 진리를 담고 있는 것을 볼 수 있다. 22장 21-28절을 가지고 몇 가지 정리해 보라.

- 우리가 고통에서 벗어나기 위해서는 하나님과 어떤 관계를 유지해야 하는가?(21절)
- 하나님과 회목 된 관계를 회복하기 위해 실천해야 할 세 가지는 무엇인가?(22-26절)
- 하나님과의 정상적인 관계가 회복되면 어떤 복을 누릴 수 있는가?(27-28절)

3 욥은 역시 경건한 사람이라 자신이 당하는 고난을 소망의 눈으로 바라보고 있다. 하나님의 선하심을 의심하지 않는 믿음의 뿌리가 그에게는 있었다. 23장 10절을 암송하고 그 의미를 설명해 보라.

4 "고통에는 뜻이 있다"는 말이 하나님의 백성에게는 불변의 진리로 통한다. 가장 확실한 뜻은 우리의 영혼을 더럽히는 나쁜 것, 속된 것을 다 태워 버리고, 우리 마음의 거울에 하나님의 모습이 잘 비취도록 하는 것이다. 당신은 고난이 이런 뜻을 가지고 있었다는 사실을 깊이 깨닫고 감사한 경험이 있는가?

5 다음의 글을 읽고 깨달은 것을 나누어 보자.

자비로우신 아버지 하나님은 모든 고난을 성도의 유익을 위해서 선용하신다. 그러면 어떻게 선용하시는가?
첫째, 우리로 하여금 깨닫게 하시는 데 선용하신다. 시편 119편 67절에 보면 "고난당하기 전에는 내가 그릇 행하였더니 이제는 주의 말씀을 지키나이다"라고 했으며, 71절에도 "고난당한 것이 내게 유익이라. 이로 말미암아 내가 주의 율례들을 배우게 되었나이다"라고 했다. 한 마디로 "깨달았다"는 말이다. 돌아오지 않는 자를 돌아오게 하시고, 죄를 범하는 자녀를 회개하게 하시고, 영적으로 잠자는 자를 깨어 일어나게 하시려고 하나님은 고난을 사용하신다. 파스칼은 "당신을 섬기라고 내게 건강을 주셨지만 나는 세상을 위해서 전부 다 써버렸습니다. 이제 나를 일깨워 주시려고 나에게 병을 주셨습니다"라고 말했다. 우리에게 갑자기 질병이

오는 것은 깨우쳐 주시기 위해서다.

C. S. 루이스는 『고통의 문제』라는 책에서 "사람에 따라서 무서운 일이 일어나기 전에는 하나님께 귀를 기울이지 않는 습성들이 남아 있다. 그러므로 고통이란 것은 귀머거리에게 알아 듣도록 만드는 하나님의 확성기다"라고 했다.

둘째, 고난은 하나님의 자녀다운 인격을 형성하는 데 절대적인 요소가 된다. 행복의 요소를 흔히 쾌락과 기쁨이라고 한다. 그러나 쾌락은 좋은 환경의 결과이지, 반드시 하나님의 축복의 결과는 아니다. 우리의 행복보다 하나님이 더 중요하게 다루시는 것은 우리의 인격이다. 존 밀튼은 40세에 맹인이 되었고 아내를 잃었다. 이때 그가 쓴 글이 있다. "오, 주님! 이런 고통을 통하여 내 영혼이 수그러짐은 나의 창조자를 섬기기 위함이니이다. 고난은 하나님을 섬길 수 있는 인격을 위해서 필요한 것입니다."

에이미 카마이클은 고난을 다루고 있는 그의 책에서, 의미 깊은 예화를 이야기하고 있다. 그가 한번은 인도의 대장장이에게 "당신이 금을 연단(鍊鍛)할 때, 이것이 순금이 되었다는 것을 어떻게 아십니까?" 라고 물었다. 지혜로운 그 대장장이는 "예, 금 속에서 내 얼굴을 볼 수 있을 때까지 연단합니다. 불순물이 섞여 있는지 알아보기 위한 방법은 그 속에 비치는 내 얼굴이 얼마나 정확하게 잘 보이느냐를 가지고 결정합니다"라고 대답했다.

6 엘리바스는 욥을 향해 하나님의 말씀을 마음에 두라고 말했다. 하지만 사실은 이런 충고를 욥에게 할 필요가 없었다. 왜 그런가?(22:22, 23:12-14)

7 욥의 간증을 들으면서, 하나님의 말씀을 하루 세 끼 찾아먹는 식사보다 더 소중히 여기고 있는지에 대해 가책을 받지 않는 사람은 거의 없을 것이다. 어떻게 하면 말씀을 음식보다 중히 여기는 자가 될 수 있는가?(참고 / 수 1:8; 시 1:2, 119:97; 요 8:31-32)

삶의 열매를 거두며

교인들 중 많은 사람들은 육신의 건강을 위해서는 돈이나 시간을 아끼지 않지만 영혼의 건강을 위해서는 너무나 하찮은 투자를 하고 있다. 영혼이 병들면 건강한 육신이 아무 가치가 없다는 것을 알지 못한다. 영과 육 가운데 건강의 우선순위는 영혼의 건강이다. 다음의 말씀을 묵상하면서 자신의 우선순위가 잘못되어 있지 않은지 반성해 보자.

- 신명기 8장 3절/

- 요한3서 1장 2절/

Lesson 17

함부로 자기를 정죄하지 말라

욥기 27:5-6(25-27**장**)

5 나는 결코 너희를 옳다 하지 아니하겠고 내가 죽기 전에는 나의 온전함을 버리지
아니할 것이라 6 내가 내 공의를 굳게 잡고 놓지 아니하리니 내 마음이 나의 생애를
비웃지 아니하리라

마음의 문을 열며

욥을 잔인하게 정죄하던 세 친구 가운데 빌닷이 마지막으로 입을 열었다. 25장을 통해 그는 짤막하게 몇 마디 추궁을 한다. 하나님 보시기에 만물이 다 불결한데 욥이라고 어찌 예외일 수 있냐는 것이다. 우리는 진리가 사람을 잡는 데 얼마나 잔인한 무기로 사용될 수 있는지를 다시 한 번 보게 된다. 빌닷의 말에 욥은 그동안 억제하고 있던 감정을 터뜨리기 시작한다. 이 두 사람 사이에 있었던 공격과 방어를 통해 성령이 오늘을 사는 우리에게 무엇을 교훈하고 계신지 귀를 기울여 보자.

말씀의 씨를 뿌리며

1 빌닷의 말 속에는 독침이 들어 있다. 어떤 면에서 그런가?(25:4-6)

2 사람들은 종종 자기 말이 얼마나 한심스러운 모순을 내포하고 있는지 모른 채 함부로 말을 할 때가 있다. 빌닷의 경우, 거룩하신 하나님의 눈에는 깨끗한 것이 하나도 없고 모든 인간이 벌레나 구더기와 같다면 그 속에는 빌닷 자신도 포함된다. 의로우신 하나님 앞에서 더럽기는 욥이나 빌닷이나 다를 바가 없다. 그런데 욥을 향해서는 "네가 벌을 받았다"라고 삿대질을 하면서도 막상 자신이 벌을 받지 않는 것을 이상히 여기지 않는다. 지독한 자기모순인 것이다. 당신에게는 이런 영적 아둔함이 없는가?

3 빌닷의 말에 대한 욥의 대답을 보면, 현대 과학문명의 발달을 통해 알게 된 천문학적 지식을 욥은 이미 수천 년 전에 알고 있었음을 보게 된다. 성경이 성령의 영감으로 기록된 말씀이라 해도 놀라지 않을 수 없다. 26장 7-8절의 내용 가운데 현대 과학으로 입증된 지식들을 정리해 보라.

4 지식인들 중 많은 사람들이 '성경은 현대 과학과 충돌한다' 는 선입견을 가지고 있다. 이것은 어느 정도 사실이기도 하다. 예를 들어, 창세기 1-2장에 기록된 천지창조는 과학적 지식을 통해 전부를 설명할 수 없다. 당신은 성경을 읽다가 이와 같이 소위 '비과학적인 말씀' 을 대하면 어떻게 받아들이는가?

5 27장 5-6절을 보라. 욥의 강한 믿음을 들여다 볼 수 있다. 그의 말 가운데서 당신의 마음에 특별히 와 닿는 것이 무엇인가?

6 욥은 자기가 당한 불행이 죄와 상관이 없다는 확신을 욥기서 전체를 통해 10번 이상 언급하고 있다. 바로 욥의 이런 모습으로부터 우리가 반드시 배워야 할 것이 있다. 고통을 당하면 그것을 무조건 죄 값으로 돌려 자신을 비참하게 정죄하지 않아야 한다는 것이다. 고통은 상습적으로 죄책을 일으키는 독소를 가지고 있다. 그리고 마귀가 이 독침을 사용해 경건한 자들을 실신시키는 일이 비일비재하다. 당신은 이 말에 동의하는가?

7 다음의 이야기를 읽고 각자 얻은 교훈을 나누어 보라.

천상의 시인이라고 부르는 송명희 자매를 잘 아시지요? 그는 뇌성마비 장애를 안고 지금까지 너무나 힘들게 살아왔습니다. 자매가 쓴 글에 자기 어머니에 대한 이야기가 나옵니다. 어머니는 최정임 전도사라는 분입니다. 그녀는 열두 살 때 예수님을 영접했습니다. 그런데 그녀가 다니는 교회 안에 평생 독신으로 살면서 가난한 사람들을 도와주고 지체가 부자유한 사람들을 사랑으로 보살피는 일을 하고 있는 부인이 있었습니다. 그녀가 그 부인을 볼 때마다 마음에 큰 감동을 받았던 것 같습니다. 그래서 자기도 모르게 나중에 어른이 되면 저 부인처럼 살겠다는 일종의 서원기도를 했답니다.

훗날 그녀가 서울로 이사 와서 어느 교회에서 일을 하고 있을 때였습니다. 그 교회에서 사역하던 나이 많은 여전도사 한 분이 그녀를 탐내 자꾸만 자기 아들하고 결혼해 달라고 재촉했습니다. 너무 집요하게 매달리니까 거절을 못하고 결혼했습니다. 남편은 몸이 약한데다 성격은 괴팍하고 하는 일 없이 놀고 있었습니다. 얼마 후에 아이를 낳았는데 그 아이가 송명희였습니다. 그리고 그 딸에게 뇌성마비라는 청천벽력 같은 선고가 떨어졌습니다. 그 후 그녀는 자주 이렇게 탄식했다고 합니다. '하나님 앞에 독신으로 살겠다고 서원을 했는데 그렇게 못했기 때문에 내가 이런 죄 값을 받는 거야.'

그녀의 생각이 옳을까요? 하나님이 독신 서원을 어겼다고 해서 나쁜 남편을 주시고 뇌성마비 자녀를 주시는 분일까요? 우리가 믿는 하나님은 그런 분이 아닙니다. 구약 시대에는 서원기도가 어떤 의미를 가졌습니다. 그러나 신약 시대에는 다릅니다. 시집을 가든 안 가든 주님 앞에 헌신하면 그것으로 우리의 삶은 거룩한 제사가 되는 것입니다. 그녀가 잘못 생각하고 있는 것입니다.

8 우리가 죄를 짓고 끝까지 회개하지 않으면 매를 맞을 수 있다. 그러나 징계가 저주일 수는 없다. 왜 그런가?(참고 / 히 12:5-8)

삶의 열매를 거두며

다음의 질문에 대해 당신의 신앙 양심을 걸고 솔직하게 대답해 보라.

- 당신은 예수 그리스도를 믿음으로 모든 죄에서 용서받았음을 믿습니까?
- 당신은 죄책감에서 자유하고 있습니까?
- 어떤 불행을 만나도 그것을 죄 값으로 돌리지 않을 수 있습니까?
- 만일 당신이 겪는 고통이 부인할 수 없는 어떤 범죄와 관계된 것이 확실하다면 어떻게 하시겠습니까?

Lesson 18

기막힌 경건 생활

욥기 31:1-40

1 내가 내 눈과 약속하였나니 어찌 처녀에게 주목하랴 2 그리하면 위에 계신 하나님
께서 내리시는 분깃이 무엇이겠으며 높은 곳의 전능자께서 주시는 기업이 무엇이겠
느냐 3 불의한 자에게는 환난이 아니겠느냐 행악자에게는 불행이 아니겠느냐 4 그가
내 길을 살피지 아니하시느냐 내 걸음을 다 세지 아니하시느냐 5 만일 내가 허위와
함께 동행하고 내 발이 속임수에 빨랐다면 6 하나님께서 나를 공평한 저울에 달아보
시고 그가 나의 온전함을 아시기를 바라노라 7 만일 내 걸음이 길에서 떠났거나 내
마음이 내 눈을 따랐거나 내 손에 더러운 것이 묻었다면 8 내가 심은 것을 타인이 먹
으며 나의 소출이 뿌리째 뽑히기를 바라노라 9 만일 내 마음이 여인에게 유혹되어
이웃의 문을 엿보아 문에서 숨어 기다렸다면 … 16 내가 언제 가난한 자의 소원을 막
았거나 과부의 눈으로 하여금 실망하게 하였던가 17 나만 혼자 내 떡덩이를 먹고 고
아에게 그 조각을 먹이지 아니하였던가 18 실상은 내가 젊었을 때부터 고아 기르기
를 그의 아비처럼 하였으며 내가 어렸을 때부터 과부를 인도하였노라 19 만일 내가
사람이 의복이 없이 죽어가는 것이나 가난한 자가 덮을 것이 없는 것을 못본 체 했다
면 20 만일 나의 양털로 그의 몸을 따뜻하게 입혀서 그의 허리가 나를 위하여 복을 빌
게 하지 아니하였다면 21 만일 나를 도와 주는 자가 성문에 있음을 보고 내가 주먹을
들어 고아를 향해 휘둘렀다면 22 내 팔이 어깨 뼈에서 떨어지고 내 팔 뼈가 그 자리

에서 부스러지기를 바라노라 23 나는 하나님의 재앙을 심히 두려워하고 그의 위엄으
로 말미암아 그런 일을 할 수 없느니라 24 만일 내가 내 소망을 금에다 두고 순금에
게 너는 내 의뢰하는 바라 하였다면 25 만일 재물의 풍부함과 손으로 얻은 것이 많음
으로 기뻐하였다면 26 만일 해가 빛남과 달이 밝게 뜬 것을 보고 27 내 마음이 슬며시
유혹되어 내 손에 입맞추었다면 28 그것도 재판에 회부할 죄악이니 내가 그리하였으
면 위에 계신 하나님을 속이는 것이리라 29 내가 언제 나를 미워하는 자의 멸망을 기
뻐하고 그가 재난을 당함으로 즐거워하였던가 30 실상은 나는 그가 죽기를 구하는
말로 그의 생명을 저주하여 내 입이 범죄하게 하지 아니하였노라 … 38 만일 내 밭이
나를 향하여 부르짖고 밭이랑이 함께 울었다면 39 만일 내가 값을 내지 않고 그 소출
을 먹고 그 소유주가 생명을 잃게 하였다면 40 밀 대신에 가시나무가 나고 보리 대신
에 독보리가 나는 것이 마땅하니라 하고 욥의 말이 그치니라

마음의 문을 열며

욥기서를 읽어가다 31장에 기록된 욥의 숨은 경건 생활을 접하게 되면 엄청나게 큰 충격을 받게 된다. 너무 비참했던 그의 불행 때문인지 몰라도 더없이 거룩하고 아름답게 보인다. 인간적으로 아쉬울 것이 없던 형통했던 시절에 그가 어떻게 그토록 경건하게 살 수 있었는지 우리 눈에는 신기하기조차 하다. 하나님이 그를 극찬하신 것이(1:8) 결코 지나친 말이 아니라는 사실을 알 수 있다.

이 시간 우리 자신과 욥을 비교하면서 성령이 주시는 교훈과 책망과 바르게 함과 의로 교육함을 받는 시간이 되기를 기도하자. 그래서 욥처럼 하나님 보시기에 온전한 인격을 가지고 온전한 삶을 사는 자리까지 나아가는 우리가 되도록 하자(딤후 3:17).

말씀의 씨를 뿌리며

1 욥의 경건 생활을 살펴보면 몇 가지 중요한 비결이 숨어 있는 것을 발견할 수 있다. 첫째는 철저하게 하나님을 경외하는 것이었다. 그가 어느 정도 하나님을 경외하고 살았는지는 그의 말 전체에서 느낄 수 있지만 특별히 다음 구절을 보면 잘 알 수 있다(4, 23절).

2 하나님을 경외하는 것이 경건 생활의 비결이 될 수 있는 이유는 무엇인가? 다음 구절을 묵상하면서 이 말씀이 사실인지 당신의 경험을 가지고 이야기해 보라.

- 잠언 8장 13절/
- 잠언 16장 6절/

3 두 번째 비결은 죄의 값이 얼마나 무서운지를 믿는 것이다. 본문에서 '그리하였으면' 이라는 단어가 반복되어 나오는 구절들을 주의해서 살펴보라. 욥이 죄의 값을 얼마나 두려워하고 있었는지를 발견하게 될 것이다.

4 신앙생활을 하면서 나중에 치러야 할 범죄의 대가가 무서워 악의 유혹을 뿌리친 경험이 얼마나 되는가? 하나님이 경고하시는 죄 값은 이중적이다. 하나는 현실에서 그 값을 치르는 것이고 다른 하나는 세상 종말에 하나님의 심판을 받는 것이다.

5 세 번째 비결은 산상수훈(마 5-7장)이 요구하는 수준의 경건을 추구했다는 것이다. 산상수훈에서 예수님은 눈에 보이는 행동을 보고 선악을 판단하기보다는 보이지 않는 숨은 동기 혹은 생각을 기준으로 판단하신다. 행동이 선해도 마음가짐이 나쁘면 하나님이 기뻐하시는 경건일 수 없다는 것이다. 욥의 경건의 수준은 어느 정도였는가? 몇 가지 예를 통해 확인해 보자.

- 1, 7, 9절(마 5:27-28)/

- 16-18절(마 6:3-4)/

- 24-25절(마 6:24)/

- 29-30절(마 5:44-45)/

6 경건 생활의 뿌리는 행동이 아니라 마음이다. 마음가짐이 중요하다. 이 점에 대해 욥과 당신을 비교해 보라(참고 / 시 141:4, 139:2; 잠 4:23).

7 네 번째 비결은 인권을 존중하는 것이었다. 사람을 차별하지 않았다는 것이다. 욥은 사람을 보는 눈이 달랐다(13-15절).

8 욥처럼 자랑할 것도 많고 교만할 거리도 많은 위치에 있으면서 밑바닥 생활을 하는 사람들을 하나님이 만드신 고귀한 인격으로 대우한다는 것은 아무나 할 수 있는 일이 아니다. 더욱이 인권이라는 말 자체가 존재하지 않았던 고대 사회에서는 상상조차 어려운 일이었다. 그러면 당신은 어떤가? 사람을 만날 때 그들을 차별하고 있지는 않은가?

9 다섯 번째 비결은 자기가 사용할 수 있는 힘을 다 쓰지 않는 것이었다. 고대 사회에서 욥이 누린 지위와 권세는 거의 절대적이었다고 해도 과언이 아니다. 그가 자기 힘을 쓸 수 있는 대로 사용했다면 수많은 사람이 다쳤을 수도 있을 것이다. 그런데 욥의 행동은 달랐다. 다음 구절을 통해 확인해 보라(38-39절).

삶의 열매를 거두며

욥이 보여 준 경건 생활의 5가지 비결 가운데서 당신이 앞으로 더 많이 노력해야 할 점이 있다면 어떤 것들인가?

Lesson 19

고통을 바라보는 창조적인 안목

욥기 33:8-18(33-37**장**)

8 그대는 실로 내가 듣는 데서 말하였고 나는 그대의 말소리를 들었느니라 9 이르기
를 나는 깨끗하여 악인이 아니며 순전하고 불의도 없거늘 10 참으로 하나님이 나에
게서 잘못을 찾으시며 나를 자기의 원수로 여기사 11 내 발을 차꼬에 채우시고 나의
모든 길을 감시하신다 하였느니라 12 내가 그대에게 대답하리라 이 말에 그대가 의
롭지 못하니 하나님은 사람보다 크심이니라 13 하나님께서 사람의 말에 대답하지 않
으신다 하여 어찌 하나님과 논쟁하겠느냐 14 하나님은 한 번 말씀하시고 다시 말씀
하시되 사람은 관심이 없도다 15 사람이 침상에서 졸며 깊이 잠들 때에나 꿈에나 밤
에 환상을 볼 때에 16 그가 사람의 귀를 여시고 경고로써 두렵게 하시니 17 이는 사람
에게 그의 행실을 버리게 하려 하심이며 사람의 교만을 막으려 하심이라 18 그는 사
람의 혼을 구덩이에 빠지지 않게 하시며 그 생명을 칼에 맞아 멸망하지 않게 하시느
니라

마음의 문을 열며

지금까지 우리는 욥이 왜 고통을 당하는가에 대해 욥과 세 친구가 벌였던 논쟁을 살펴보았다. 그들은 장시간 욥이 당한 고난의 이유를 설명하려고 애썼지만 결국 말문이 막혀 입을 다물고 말았다. 그들이 마지막까지 매달린 해답은 욥에게 모든 책임을 뒤집어 씌워 그를 정죄하는 것이었다. 그러나 이것이 그들 뜻대로 되지 않자 유구무언이 되고 말았다.

이 때 엘리후라는 젊은이가 뛰어들었다. 그가 어떤 경로로 그 자리에 앉아 있게 되었는지 우리는 알 수 없다. 그렇지만 그의 말을 들어보면 욥과 세 친구들이 논쟁을 벌이는 자리에 처음부터 있었다는 것을 알 수 있다. 그는 논쟁에 끼어들고 싶은 충동을 자주 느꼈지만 나이가 어리다는 이유로 끝까지 입을 다물고 있었던 것 같다. 어떤 면에서 보면 그는 대단히 예의 바른 젊은이라고 할 수 있다. 나이는 어리지만 겸손하고 동정심이 많은 사람이었던 것 같다. 이 시간 우리는 그를 통해 교훈을 얻을 수 있어야 한다.

말씀의 씨를 뿌리며

1 세 친구들은 마치 재판장의 자리에 앉아서 피고를 내려다보듯이 욥을 다루었지만 엘리후는 달랐다. 그는 고압적인 자세로 욥을 대하지 않았다. 33장 6-7절에 나타난 엘리후의 말을 통해 확인해 보라.

2 친구들은 욥의 과거를 가지고 그가 당하는 고통을 해석하려 들었지만 엘리후는 달랐다. 그는 욥이 죄를 지었기 때문에 고통을 당한다고 생각지 않았다. 다만 고통에 대하여 반응하는 욥의 태도에 문제가 있다고 보았다. 욥이 죄 때문에 고통당하고 있기보다는 고통 때문에 죄를 짓고 있다고 판단했다. 33장 8-11절을 보라.

3 33장 12-13절에는 욥의 불평을 잠재울 수 있는 놀라운 진리가 들어 있다. 그것은 무엇인가?(참고 / 욥 40:2; 렘 28:6; 신 29:29)

4 "하나님은 사람의 손에 길들여지지 아니한 사자와 같다"는 말을 한 사람이 있다. 아주 특별한 경우를 제외하고는 일반적으로 사자는 길들여지지 않는다. 사자는 사람의 손에서 놀지 않는다. 하나님은 광대하시고 크신 분이요, 원하는 대로 행하시는 분이다. 그분은 우리가 하라는 대로 움직이는 분이 아니다. 그리고 자기가 행하시는 일들을 하나하나 우리에게 설명할 책임도 없으시다. 이 점에 대해 당신의 생각을 말해 보라.

5 다음의 글을 읽고 느낀 것을 말해 보라.

어거스틴은 그가 남긴 불후의 명저 『하나님의 도성』에서 참으로 의미 깊은 말을 했다. "고통은 동일하나 고통당하는 사람은 동일하지 않다. 악한 사람은 똑같은 고통을 당하면서도 하나님을 비방하고 모독하지만 선한 사람은 그 고통 속에서도 하나님을 찾으며 하나님을 찬양한다. 무슨 고통을 당하느냐가 아니라 어떻게 당하느냐가 문제다. 똑같은 미풍이 불어오지만 오물은 더러운 냄새를 풍기고 거룩한 기름은 향기로운 냄새를 풍긴다." 옳은 말이다. 중요한 것은 고통을 대하는 사람의 태도다. 똑같은 고통이라도 대하는 사람의 태도에 따라 그것이 추하게도, 아름답게도 보이는 것이다. 우리 역시 고통을 당하면서 악취를 풍기는 것 같은 잘못된 태도를 보일 수 있다. 이 얼마나 비참한 일인가? 엘리후가 욥에게 지적하고 싶었던 문제가 바로 이런 것이었다.

6 엘리후는 우리가 고통을 당할 때 그 고통을 창조적인 안목을 가지고 보기 위해서는 다음 몇 가지를 기억해야 한다고 말한다. 첫째는 우리가 당하는 고통 때문에 하나님을 불의하게 여기면 안 된다는 것이다(34:10, 12, 29).

7 두 번째로 우리가 기억해야 할 것은 하나님께서 우리와 교제하시는 대화의 통로로 고통을 이용하신다는 것이다(33:14-16, 36:8-10).

8 위대한 기독교 변증학자인 C. S. 루이스는 다음과 같이 표현한 적이 있다. "사람에 따라 무서운 일이 일어나기 전에는 하나님께 귀를 기울이지 않는 습성이 있다. 그러므로 고통이라는 것은 귀머거리에게 알아듣

도록 만드는 하나님의 확성기다." 공감하는가? 이 말이 사실이라고 증명할 수 있는 간증이 있다면 말해 보라.

9 엘리후가 가르쳐주는 귀중한 진리가 하나 더 있다. 하나님은 고통을 예방의 수단으로 사용하신다는 것이다. 하나님은 우리에게 작은 고통을 미리 주심으로 더 큰 화를 막아주시는 것이다(33: 17-18, 참고 / 잠 16:18).

삶의 열매를 거두며

이 시간 조용히 자문해 보라. 고통 중에 하나님을 오해하지는 않았는지, 고통을 대하는 자신의 태도가 옳았는지, 고통을 통해 얻은 은혜가 무엇인지 살펴보자.

Lesson 20

밤중에 노래하게 하시는 하나님

욥기 35장 10-11절

10 나를 지으신 하나님은 어디 계시냐고 하며 밤에 노래를 주시는 자가 어디 계시냐
고 말하는 자가 없구나 11 땅의 짐승들보다도 우리를 더욱 가르치시고 하늘의 새들
보다도 우리를 더욱 지혜롭게 하시는 이가 어디 계시냐고 말하는 이도 없구나

마음의 문을 열며

지난 시간에 배운 것처럼 엘리후는 욥의 세 친구가 발견하지 못한 중요한 문제를 지적하고 있다. 마치 혼란 속에서 질서를 찾듯이 그는 놀라운 진리를 말한다. 그것은 욥을 비롯하여 이 땅에서 고난당하는 자들이 불행 그 자체를 놓고 탄식할 줄만 알지, 하나님을 찾지 않았다는 것이다. 본문 9-10절을 보면 "사람은 학대가 많으므로 부르짖으며 군주들의 힘에 눌려 소리치나 나를 지으신 하나님은 어디 계시냐고 하며 밤에 노래를 주시는 자가 어디 계시냐고 말하는 자가 없구나"라고 말한다. 그러므로 인간의 불행은 더 불행해 보이고, 인간의 슬픔은 더 슬퍼지며, 인간의 비참한 모습은 더 처절하게 보인다는 것이다. 이것이 엘리후가 발견한 진리다. 얼마나 영감이 넘치는 젊은이인가?

이 시간에는 그가 한 너무나 유명한 말을 중심으로 은혜를 받으려 한다. "밤중에 노래하게 하시는 하나님"에 대한 것이다. 성령의 인도하심을 기도하면서 공부하자.

말씀의 씨를 뿌리며

1 지구에는 낮과 밤이 있다. 밤은 하나님께서 모든 만물에게 베푸신 축복 가운데 하나다. 왜 그렇게 생각하는가?

2 사람에게도 인생의 밤이 있다. 인생은 작은 우주다. 하나님께서 인간에게 이 밤을 주셨다. 예를 들어 보라(참고 / 사 45:7).

3 다음의 글을 읽고 인생의 밤을 주신 것이 하나님의 심오한 지혜라는 사실에 대해 배우도록 하자.

하나님의 지혜를 정의하면 "최상의 가능한 목적을 설정하고 그 목적을 달성하기 위하여 최상의 가능한 수단을 동원하는 하나님의 섭리"라고 할 수 있다.
모든 사람의 궁극적인 목적은 하나님의 영광을 위해 살아야 하는 것이다. 그러나 개개인에게 이 사실을 적용하면 각 사람에게 요구하시는 하나님의 목적이 다르다는 것을 알 수 있다. 각 사람을 향한 하나님의 최상의 목적이 있다. 그 목적을 달성하기 위하여 하나님께서 사용하시는 최상의 수

단 중 하나가 밤이다.
자연계에 밤을 만드신 것은 하나님의 창조 지혜다. 꽃은 아침에 피어나기 위하여 밤에 준비한다. 아름다운 봉오리가 이슬을 머금고 입을 벌려 피어나기 위해서는 어두운 밤 동안 준비해야 한다. 밤이 없다면 꽃은 피지 못할 것이다. 인생의 밤도 마찬가지다. 이 밤 동안 인간에게 꽃을 피울 준비를 시킨다. 만일 고난이 없다면 인생의 꽃은 피지 않을 것이다. 밤이 없이 대낮만을 걸어가도록 하나님이 만드셨다면 인간은 교만해질 것이며 완악해질 것이다.

4 당신이 겪은 인생의 밤에 대해 이야기해 보라.

5 엘리후는 하나님을 가리켜 어떤 하나님이라고 소개하고 있는가?(35:10-11)

6 밤을 만난 인간은 자기 힘으로는 노래할 수 없다. 하나님께서 노래하게 하셔야 입을 열 수 있다. 처연한 외로움, 눈물과 탄식 중에도 성도는 하나님의 능하신 손이 연주하시는 거문고가 될 수 있다. 다음의 예를 보라.

- 마태복음 26장 30절/

- 사도행전 16장 24-25절/

7 밤에 부르는 노래는 특이한 데가 있다. 사랑하는 자를 잃어버렸을 때, 실패했을 때, 건강이 좋지 않을 때, 앞날이 막막할 때 하나님이 주시는 능력을 가지고 부르는 찬송은 입술로 부르는 찬송이 아니다. 그것은 영혼에서 나오는 찬송이다. 그 이유가 어디에 있다고 생각하는가?

8 성경에 보면 밤의 노래가 몇 개 있는데 그 중에서 가히 고전이라고 할 만한 것이 바로 하박국 선지자의 노래다. 하박국 3장 16-18절을 펼쳐놓고 이것이 얼마나 위대한 밤중의 노래인지 생각해 보라.

9 밤중의 노래는 반드시 아침의 기쁨을 가져다준다. 이 진리를 확신하는가?(참고 / 시 30:4-5)

삶의 열매를 거두며

다음의 글을 읽고 각자 느낀 것을 나누어 보라.

자녀에게 자전거를 사주면 이 자녀는 자전거만 좋아한다. 그것을 사다 준 부모는 별로 생각하지 않는다. 마음이 자전거에 온통 쏠려 있다. 마찬가지로 우리에게 하나님이 축복을 많이 주시면 축복을 주신 하나님은 잊어버리고 손에 들어온 좋은 것에만 정신이 빠져버린다. 그래서 하나님과 만나는 기회도 줄어들고 만나도 진지하지 못하다. 이것이 우리의 약점이다. 자전거에 정신이 팔려서 부모의 고마움과 존재를 인식하지 못하는 어린아이와 같다.

그러나 어느 날 그 아이가 자전거를 도둑맞았다. 아이는 비로소 아버지를 찾아간다. 우리도 하나님이 주신 것이 조금 없어져야 하나님을 찾아간다. 드디어 밤이 오니까 하나님을 만나게 된다. 그래서 밤중의 노래는 그 주제가 하나님이 된다. 이런 밤을 통해 하나님을 만나는 사람은 하나님의 전능하심과 지혜로우심과 성실하심에 무릎을 꿇고 그를 찬양하게 된다. 손에 쥔 것이 아무것도 없어도 천하를 다 얻은 것처럼 하나님 한 분만으로 만족하는 밤의 노래를 부르는 자가 참된 그리스도인이라고 할 수 있다. 이제 우리는 날마다 축복만을 기다리는 어린아이가 되어서는 안 된다. 오히려 밤이 올 때 멋진 찬송으로 하나님을 찬양하는 사람이 되어야 한다.

Lesson 21

폭풍 가운데 찾아오신 하나님

욥기 40장 1-9절(38장 - 42장 6절)

1 여호와께서 또 욥에게 일러 말씀하시되 2 트집 잡는 자가 전능자와 다투겠느냐 하
나님을 탓하는 자는 대답할지니라 3 욥이 여호와께 대답하여 이르되 4 보소서 나는
비천하오니 무엇이라 주께 대답하리이까 손으로 내 입을 가릴 뿐이로소이다 5 내가
한 번 말하였사온즉 다시는 더 대답하지 아니하겠나이다 6 그 때에 여호와께서 폭풍
우 가운데에서 욥에게 일러 말씀하시되 7 너는 대장부처럼 허리를 묶고 내가 네게
묻겠으니 내게 대답할지니라 8 네가 내 공의를 부인하려느냐 네 의를 세우려고 나
를 악하다 하겠느냐 9 네가 하나님처럼 능력이 있느냐 하나님처럼 천둥 소리를 내
겠느냐

마음의 문을 열며

엘리후가 욥이 당하는 고통의 문제에 대해 이야기하고 있을 때였다. 갑자기 폭풍 가운데서 하나님이 나타나셨다. 갑작스런 하나님의 임재로 엘리후는 하던 말을 중단할 수밖에 없었다. 다른 사람들도 폭풍 가운데 나타나시는 하나님을 주목하지 않을 수 없었다. 아마도 하나님께서 욥의 소원을 들으셨던 것 같다. "내가 어찌하면 하나님을 발견하고 그의 처소에 나아가랴"(욥 23:3). 하나님을 만나 뵙기를 그렇게 소원하던 그의 심정을 아시고 주님이 폭풍 가운데 나타나신 것이라 생각된다.

이 시간 우리는 욥에게 말씀하시는 하나님의 음성을 들을 수 있어야 한다.

말씀의 씨를 뿌리며

1 폭풍우 가운데 욥을 찾아오신 하나님은 호되게 그를 질책하고 계신다. 질책의 내용을 살펴보자(38:2-3, 40:2, 7-8).

2 하나님의 질책에는 우리가 놓치지 말아야 할 중요한 진리가 담겨 있다. 그것이 무엇인가?(참고 / 욥 33:13, 36:26)

3 하나님이 욥에게 던진 질문은 71개나 된다. 질문들 속에는 하나님의 진한 사랑과 은밀한 관심이 담겨 있다. 창조주 하나님이 어떻게 천한 인간을 상대로 묻고 답할 수 있겠는가? 이것은 하나님이 욥의 눈높이로 자신을 낮추신 것이다. 욥을 그만큼 사랑하고 계셨다는 증거다. 오늘도 하나님은 우리에게 많은 질문을 던지고 계신다. 오늘 하나님이 당신에게 하시는 질문은 어떤 것인가?(참고 / 욥 38-41장)

4 다음의 내용을 읽고 정리해 보라.

우리말 성경에는 구별이 되지 않지만 히브리어 성경에서는 1장부터 37장까지 하나님을 '엘샤다이' 라는 이름으로 부르고 있다. '엘샤다이' 는 전능하신 하나님이라는 의미를 가진 이름이다. 무엇이나 마음대로 하시는 분, 못할 것이 전혀 없는 하나님이 엘샤다이 하나님이시다. 유한한 우리 인간의 눈으로 보면 무서운 분, 우리와 상종할 수 없는 분, 세상일에 초연하신 분으로 비칠 수 있는 하나님이라 할 수 있다. 그래서 1장에서 37장에 나오는 내용들을 보면 하나님은 욥의 비극에 무관심하신 것처럼 보인다.

그런데 폭풍 가운데 찾아오신 하나님은 그 이름이 다르다. 38장 1절을 보라. 어떤 이름으로 나오는가? 하나님이라고 하지 않고 '여호와' 라는 이름으로 나온다. 이 '야훼', '여호와' 라는 이름은 언약자로서의 하나님을 이야기한다. 하나님이시지만 사람의 모습으로 찾아오셔서 인간과 일대일로 말씀하시는 하나님의 이름을 야훼라고 한다. 사랑이 많고 자비로우신 하나님이시다. 인간의 연약함을 이해하시고 인간과 함께 대화를 나누시는 하나님을 표현하는 이름이 야훼다. 신약에서 보면 육신을 입고 세상에 오신 예수 그리스도의 이름이 그와 같다고 할 수 있다. 그만큼 이름은 우리에게 친근감을 준다. 왜 하나님은 폭풍 가운데 찾아오시면서 자신의 이름을 이런 식으로 바꾸어서 표현하셨을까? 욥을 향해 자신의 사랑, 관심, 애정을 나타내시기 위해서 그렇게 하셨을 것이다. 얼마나 좋은 하나님이신가?

5 놀랍게도 하나님은 욥이 애타게 알고 싶어 하던 문제에 대해서는 한 마디도 언급하지 않으시고 그다지 상관이 없는 이야기들을 하고 계신다. 몇 가지 예를 찾아보라(38:4-5, 39:1-4, 41:1-3).

6 가족과 재산뿐 아니라, 건강마저 잃고 천덕꾸러기 신세가 되어서 잿더미 위에 앉아 있는 사람에게 지금 하나님이 하시는 이야기가 무슨 소용이 있을지 한번 생각해 보라. 왜 하나님은 아무런 도움이 되지 않는 말씀을 하고 계실까? 몇 가지 이유들을 추측할 수 있다. 첫째 욥이 겪고 있는 고통의 원인을 밝힐 수 없다는 사실을 암시하기 위해서다. 고통의 이유를 몰라도 설명을 듣지 않아도 하나님만 믿으라는 것이다. 왜 이런 믿음이 중요하다고 생각하는가?

7 성경 안에는 하나님이 설명하지 않고 덮어 두신 고통이 많다. 그 가운데 기억나는 예를 한 가지 들어 보라.

8 둘째는 욥으로 하여금 하나님의 지혜와 전능과 선하심에 관심을 갖게 하기 위해서다. 그래서 우주 만물의 신비를 논하고 계시는 것이다. 우주에는 하나님이 얼마나 지혜로우시고 전능하신지 배울 수 있는 엄청난 지혜가 숨어 있다. 이 지혜를 터득하면 할수록 하나님은 커 보이고 문제는 작게 보인다. 당신은 크신 하나님으로 인해 자신의 문제가 사소하게 여겨진 경험이 있는가?

9 욥은 하나님을 만나 대화를 나누는 동안 자신이 달라지고 있다는 것을 느낄 수 있었다. 하나님을 바라보는 자신의 시각이 바뀌는 것을 깨달았다. 동시에 자신을 바라보는 눈도 바뀌고 있다. 그의 달라진 모습을 다음의 구절을 통해 확인해 보라(40:4, 42:2-6).

삶의 열매를 거두며

다음의 내용을 읽고 이런 은혜를 받을 수 있도록 하나님의 보좌 앞으로 나아가자.

욥에게 달라진 것은 겸손하게 자기를 낮추는 태도만이 아니었다. 그는 자기를 찾아오신 그 좋으신 하나님을 만나면서 모든 슬픔에서 벗어날 수 있었다. 모든 갈등에서 자기 자신을 끌어낼 수 있었다. 그렇게 되자 자신도 모르는 사이에 심령에 큰 평안이 깃들기 시작했다. 모든 분함과 원망, 저주와 좌절감이 눈 녹듯이 사라져버린 것을 느꼈다. 그리고 전지전능하신 하나님이 자기 앞에 계시는 이상 아무것도 문제될 것이 없다는 생각을 하게 되었다.

우리가 어려운 일을 가지고 씨름할 때나, 남 모르는 슬픔을 안고 몸부림칠 때 문제 해결 그 자체보다 먼저 해야 할 일이 있다. 그것은 하나님을 만나는 것이다. 고통 중에 있다면, 하나님을 깊이 묵상해 보라. 천지만물을 만드신 분이 나 같은 존재를 지으시고 보살펴 주시고 사랑해 주신 것을 생각해 보라. 그의 지혜, 그의 능력, 그의 선하심에 온통 당신의 마음을 쏟아보라. 그러면 그 무한하신 사랑의 능력이 욥을 치료하시듯 당신을 치료해 주실 것이다. 고통이 있어도, 문제가 남아 있어도 전능하신 하나님의 능력 앞에서 모든 고통을 초월할 수 있는 힘을 얻게 될 것이다. 하나님을 생각하면 어떤 슬픔이 있어도 그 슬픔을 딛고 일어날 수 있는 초자연적인 평안을 얻을 수 있다.

유명한 설교자 스펄전이 참으로 기가 막힌 말을 했다. "그리스도를 묵상할 때 모든 상처를 위한 진통제가 있습니다. 성부 하나님을 묵상할 때 모든 슬픔이 소멸됩니다. 성령의 감동하심 속에서 모든 쓰라림이 멎게 됩니다. 여러분은 슬픔을 잊으려 합니까? 여러분의 다른 근심을 헐어버리려 합니까? 그렇다면 여러분 자신을 하나님의 가장 깊은 바다에 빠뜨리십시오. 그의 무한하심 속에 빠지십시오. 그러면 여러분은 휴식의 침상에서 원기를 되찾고 다시 힘이 넘쳐 일어나게 될 것입니다." 할렐루야! 욥이 바로 이런 기막힌 체험을 했던 것이다.

Lesson 22

곤경을 돌이키시는 하나님

욥기 42장 7-17절

7 여호와께서 욥에게 이 말씀을 하신 후에 여호와께서 데만 사람 엘리바스에게 이르
시되 내가 너와 네 두 친구에게 노하나니 이는 너희가 나를 가리켜 말한 것이 내 종
욥의 말 같이 옳지 못함이니라 8 그런즉 너희는 수소 일곱과 숫양 일곱을 가지고 내
종 욥에게 가서 너희를 위하여 번제를 드리라 내 종 욥이 너희를 위하여 기도할 것인
즉 내가 그를 기쁘게 받으리니 너희가 우매한 만큼 너희에게 갚지 아니하리라 이는
너희가 나를 가리켜 말한 것이 내 종 욥의 말 같이 옳지 못함이라 9 이에 데만 사람
엘리바스와 수아 사람 빌닷과 나아마 사람 소발이 가서 여호와께서 자기들에게 명
령하신 대로 행하니라 여호와께서 욥을 기쁘게 받으셨더라 10 욥이 그의 친구들을
위하여 기도할 때 여호와께서 욥의 곤경을 돌이키시고 여호와께서 욥에게 이전 모
든 소유보다 갑절이나 주신지라 11 이에 그의 모든 형제와 자매와 이전에 알던 이들
이 다 와서 그의 집에서 그와 함께 음식을 먹고 여호와께서 그에게 내리신 모든 재앙
에 관하여 그를 위하여 슬퍼하며 위로하고 각각 케쉬타 하나씩과 금 고리 하나씩을
주었더라 12 여호와께서 욥의 말년에 욥에게 처음보다 더 복을 주시니 그가 양 만 사
천과 낙타 육천과 소 천 겨리와 암나귀 천을 두었고 13 또 아들 일곱과 딸 셋을 두었
으며 14 그가 첫째 딸은 여미마라 이름하였고 둘째 딸은 긋시아라 이름하였고 셋째
딸은 게렌합북이라 이름하였으니 15 모든 땅에서 욥의 딸들처럼 아리따운 여자가 없

었더라 그들의 아버지가 그들에게 그들의 오라비들처럼 기업을 주었더라 16 그 후에
욥이 백사십 년을 살며 아들과 손자 사 대를 보았고 17 욥이 늙어 나이가 차서 죽었
더라

마음의 문을 열며

드디어 욥기의 마지막 시간이다. 욥과 대화를 마치신 하나님은 욥의 친구들을 책망하신다. 그들을 향해 화를 내신다. 그러나 하나님은 곧 그들 모두를 용서하신다. 동시에 욥을 모든 고통에서 풀어 주신다. 얼마나 인자하신 우리 하나님이신가. 저녁에는 울음이 기숙할지라도 아침에는 기쁨이 오리라고 하나님을 찬양하였던 시편 저자의 말이 새롭게 다가온다.

말씀의 씨를 뿌리며

1 하나님은 자기 자신에 대해 정당하게 말하지 않으면 진노하신다. 신성모독이 될 수 있기 때문이다. 지금 하나님은 욥의 친구들을 향해 노를 발하고 계신다. 그 이유는 무엇인가?(7절)

2 그들을 꾸짖으신 다음 하나님은 욥의 친구들이 용서받을 수 있는 길을 열어 주셨다. 그것이 무엇인가?(8절)

3 친구들을 위해 욥이 기도하자 어떤 일이 일어났는가?(10절)

4 본문에 나오는 '곤경' 이라는 용어는 그 의미가 매우 폭넓게 사용된다. 그것은 속박 혹은 포로생활을 의미한다. 그러므로 하나님이 그가 처한 곤경을 돌이켜 주셨다고 하는 것은 심신의 속박에서 벗어나 자유함을 누리게 해주셨다는 말이다. 곤경은 사람을 가두는 것을 말한다. 포로처럼 매어 놓고 자유를 주지 않는 상태를 말한다. 그렇다면 누가 우리의 곤경을 돌이킬 수 있을까? 하나님뿐이시다.

- 신명기 23장 5절/

- 시편 30편 11절/

5 다음의 내용을 읽고 느낀 바를 나누어 보라.

욥기서 1장을 펴 보라. 욥이 처음 소개되는 장면을 보면 그는 가족을 위해 번제를 드리며 기도하는 사람으로 등장한다. 또 욥기서 마지막장을 펴 보라. 그곳에서도 그는 친구들을 위해 하나님 앞에 무릎 꿇고 기도하는 사람으로 나타난다. 욥은 처음에도 다른 사람의 잘못을 대신 짊어지고 하나님 앞에 기도하는 사람으로 등장했고, 나중에도 다른 사람의 죄를 위해 하나님 앞에 중보 기도하는 모습으로 끝을 맺고 있다. 이런 의미에서 욥기서의 대단원은 화해와 회복의 극치를 이루고 있다고 할 수 있다. 화해는 욥기서의 대단원을 장식하는 중요한 요소이다. 욥은 고통 중에 있으면서도 자기를 괴롭혔던 모든 사람들을 용서하고 화해했다. 욥은 아직도 잿더미에 앉아 있는 사람이다. 몸에는 악창으로 인해 여기저기서 고름이 터져 나오고 있지만, 힘차게 발걸음을 내딛었을 것이다. 친구들에게 둘러싸여 활짝 웃는 얼굴로 잿더미를 떠나는 욥의 모습을 상상해 볼 수 있다.

6 10절을 보라. 용서와 화해는 욥에게 회복을 가져다 준 직접적인 동기가 되었다. 이는 우리에게 시사하는 교훈이 매우 크다. 아직도 용서하지 못한 형제가 당신에게는 없는가?(참고 / 눅 6:37-38)

7 하나님은 욥을 어떻게 위로해 주셨는가?(10-17절)

8 11절을 보라. 인심(人心)은 믿을 만한 것이 아니라는 생각이 들지 않는가?

9 흔히 욥은 예수 그리스도를 보여 주는 작은 모형이라고 말한다. 욥의 인격은 예수님의 인격을 닮았다. 욥이 사탄에게 시험받은 것도 예수님이 시험받은 것과 흡사하다. 욥이 애매한 고난을 받은 것도 예수님이 고난 받은 것과 흡사하다. 욥이 친구들로부터 정죄를 당하는 것도 예수님이 세상에서 정죄받은 것과 비슷하다. 나중에 친구를 용서하고 이웃을 용서한 것을 보면 자기를 십자가에 내어주며 원수를 용서하신 예수님과 흡사하다. 확실히 욥은 예수 그리스도와 닮은 점이 많다. 우리도 욥처럼 예수님을 닮아야 한다. 성도의 고통은 그것이 어떤 것이든 결국은 우리가 예수님을 닮도록 하는 데 유용할 뿐이다. 절대로 손해를 끼칠 수가 없다. 이 사실을 확신하는가?(참고 / 고후 4:10)

삶의 열매를 거두며

욥기서를 통해 하나님은 우리의 곤경을 돌이키시는 여호와 하나님이라는 사실을 배웠다. 각자 발견한 은혜를 나누고 함께 하나님을 찬양하자.